英語で書く、
ビジネス〆
の基

JN044689

はじめに

　「グローバル化」や「ボーダーレス」が陳腐な言葉に聞こえるくらい、現在は国境を越えたビジネスが当たり前の世の中になりました。国内向けに製品やサービスを提供してきた企業がマーケットを海外に拡げざるを得ないと言う事情もあるでしょう。また、国内の人手不足を補うために海外に設計外注を行うというケースも増えていますね。そのため、これまでは英語とは無縁だった職種でも英語を使わざるを得なくなるケースが増えているようです。現在では、ビジネスの公用語である英語を使う人の層が拡大し、使う機会も格段に増えてきたと言えるでしょう。

　しかしながら英語に苦手意識を持った人が少なくないのが現実ではないでしょうか。特に英語を聞いたり話したりすることは、できるならば避けたいと考える人も多いでしょう。私もそうですが、聞き取れない言葉がいくつも出てくると何を言っているのか全くわからなくなります。会話では瞬時に応答しなければならないのに、なかなか言葉が出てこなくて困った、なんてことも多いのではないでしょうか。

　一方、英語を読んだり書いたりする方はどうでしょう。瞬時に応答する必要はないので、読み書きの方はなんとかなりそうですね。辞書を使って調べることもできますし、最近ではインターネットで簡単に翻訳することもできるようになりました。

英語でなんらかの折衝を行う場合、対面、電話、電話会議を通じた直接の会話よりも、メールで済ませられるならば、その方が多くの人にとって楽に感じられるでしょう。また、英語を母国語とする相手に言い負かされるようなことも避けられるので、メールを通じた方が互角に交渉しやすいのではないでしょうか。海外とのやりとりの場合、距離や時差のために、直接面談、電話、電話会議は制約があります。できる限りメールで交渉を済ませることができれば時間もコストも節約できます。もちろん、電話や電話会議を通じて口頭でやりとりした方が早い、相互に理解しやすいといった場合もあるでしょう。その場合でも、電話や電話会議の結果を確認することを目的にメールを使う必要も出てきます。

　辞書で調べたりインターネットで検索したりすればよいと言いましたが、毎回毎回そんなに時間をかけていられない、と言う声が聞こえてきそうです。日本語のメールのやりとりだけでも大変なのに、加えて英文メールも読んだり書いたりするのはかなり骨が折れますし、時間がいくらあっても足りないと悲鳴をあげたくなりますね。まだ慣れていない人はビジネス英文メールをどのように書いたらいいのか良く分からないと感じているかもしれません。慣れている人たちの中にも、英文メールの内容が取引先の相手にうまく伝わらないといった悩みを抱えている人は少なくないように思います。英文メールを迅速かつ適切に処理するスキルを早く身に着けられれば良いですが、どうしたらそのようなスキルを習得することができるのでしょうか。

　学校で長い時間をかけて学習してきた英語の力があるのに、

英文メールを読んだり書いたりするのになぜ苦労するのでしょうか。日本語でもメールの書き方を教わる機会はあまりないかと思いますが、英文メールは誰かに教えてもらうというよりは、海外の取引先の相手が書くメールを参考にする、あるいは、周りの人の書き方を真似て段々と覚えてきたということが多いのではないでしょうか。私もそのように、いわば自己流で身に着けてきました。これから英文メールに取り組む人や英文メールのスキルを向上させたい人にとって、短い時間で英文メールを早く適切に処理することができるようになるにはどうしたら良いでしょう。私は、基本的な語彙力と基礎的な文法をベースに、あとはビジネスに特有な言葉や言い回しを覚え、英語の背景にある文化や習慣に対する基本的な理解を持てば、英文メールのスキルを短期間で向上させることができると思います。

　私は日本企業の会社員として、輸出入の実務を含め海外とのビジネスに従事する期間が長く、また通算17年におよぶアメリカ駐在中に生のビジネス英語に触れてきて、いかにしたら英文メールを効率的かつ効果的に書けるようになるのかということを日頃いろいろと考え実践してきました。日々英文メールに悪戦苦闘する中で身に着けてきたコツを本書の中で紹介していきたいと思います。

　英文メールを書いていると、なぜこんなに時間がかかるのだろう、あるいは、長々として読みにくい文章になってしまったと感じたことはありませんか。スピードが求められるビジネス環境の中、英文メールの読み書きに時間がかかっては仕事の能

率が下がります。また、長いメールは相手が迷惑に感じるでしょうし、読まずに放置されてしまう恐れもあります。本書では、簡潔でわかりやすい英文メールを短い時間で書くヒントを明らかにしていきたいと思います。

　仕事で海外と英文メールをやりとりする中で、なぜ相手にうまく伝わらないのだろうかと悩んだことはありませんか。あるいは、相手の言っていることがどうも良くわからないと感じたことはありませんか。それは英語力だけの問題ではないと思います。国によって違いはありますが、英語を母国語あるいは公用語とする国・地域には英語を背景とした似通ったビジネス習慣があるように思います。そのビジネス習慣に関する基本的な知識を持っていれば、相手の考え方や立場などへの理解が深まり、英文メールのやりとりも円滑に行えるようになるでしょう。

　よほど英語が流暢な人でない限り、私も含め多くの日本人にとってネイティブと英語で話をするというのは大変骨が折れることでしょう。できればメールだけで交渉を完結させたいと思いますよね。英文メールだけで相手に理解させ行動を起こさせるにはどうしたら良いのだろう。私はいつもこのことを考えながら英文メールを書いています。本書ではこのような問題を解決するノウハウにもふれていきたいと思います。

　英文メールに悩みを抱えている人は、是非この本を読んで、効果的な英文メールを短時間で書くためのコツをつかんで仕事に役立てていただきたいと思います。それでは始めましょう。

目　次

第1章　基本姿勢

アメリカでの駐在の当初、店で勘定を済ませた時に店員が Thank you と言うだけではなく客の方も Thank you と言うことが多く、最初は少し違和感がありました。しかし、いつの間にか私も自然に Thank you と言うようになりました。店員が Thank you と言わずに客である私の方だけが Thank you と言うこともあり、そんな時、私は「どちらが客か！」と腹立たしい気持ちになったことを覚えています。日本では買い手が優位に立つことが多いですが、アメリカでは基本は売り手と買い手が対等と言う意識が働くのだと思います。そのため、客は「売ってくれてありがとう」あるいは「応対してくれてありがとう」という気持ちから発する言葉なのだと解釈しています。アメリカ人は日常生活の中で Thank you を連発しているように感じます。そういえば、英語のスピーチやアナウンスの最後は必ずと言っていいほど Thank you で締めくくりますね。

　私は英文メールを書くとき、Thank you で始め、Thank you で終えるように心がけています。Thank you 以外の表現も使いますが、なるべく感謝の言葉で始め感謝の言葉で終えるようにしています。たとえクレームや苦情のメールであってもこの原則は守るようにしています。人間は誰でも感謝されて悪い気持ちはしません。そのようにポジティブな印象を与えることによってメールを読む気にさせる、また読んだ後に良い感情を抱かせる効果があると思います。

　いつも同じ表現の繰り返しだと心がこもっていないと思われるかもしれませんので、その時々で少し表現を変えてみる必要

があるでしょう。たとえば、書き出しは次のようなフレーズが
考えられます。

■ Thank you for your email（reply, response, etc.）［メー
　ル（ご返事）ありがとうございます。］
■ Thank you for your quick（prompt）answer（reply,
　response, etc.）［迅速にご回答いただきありがとうござ
　います。］
■ Thank you for your support as always.［いつもご支援
　ありがとうございます。］
■ Thank you for your patience.［お待ちいただいてあり
　がとうございます。］

締めくくりのフレーズの例は以下の通りです。

■ Thank you for your continued support.［引き続きよろ
　しくお願い致します。］
■ Your prompt response would be appreciated.［早急に
　お返事いただければ幸いです。］
■ It would be grateful if you could reply soon.［早急にお
　返事いただければ幸いです。］

　アメリカ駐在の初期、トラブル発生時に深刻な顔をしている
とアメリカ人の同僚から「Smile（笑って）」とか「Relax（リラッ
クスして）」と言われることが多かったことを覚えています。
日本では問題が起きると関係者の間で重い空気が流れ、そんな

11

中で笑ったりすれば不謹慎だと非難されかねません。こんなところにも日米の文化の差があると感じました。

　また、駐在期間中、日本人は頻繁に Sorry と言うね、とアメリカ人スタッフから良く言われました。確かに日本では「謝らないのはけしからん」とか、「反省が足りない」とか言われるので、とりあえず謝っておこうというのも含め、謝罪の言葉が頻繁に使われるように思います。そのまま直訳するためか日本人は英語でもついつい Sorry と言ってしまう癖がついているようですね。

　私は英文メールではなるべく Sorry を使わずにポジティブな言葉に置き換えるように心がけています。たとえば、Sorry for the delay. の代わりに Thank you for your patience. というように。ただし、本当に謝らなければならないときは Sorry や Apology（apologize）を適切に使う必要があります。ポジティブな表現に置き換える例、ネガティブな表現を避ける例を挙げます。

- Sorry for the delay.［遅れてすみません。］ →　Thank you for your patience.［お待ちいただいてありがとうございます。］
- I disagree with you.［同意できません。］→　It seems my idea is different from yours.［私はあなたとは考えが違うように思います。］
- Price increase is not acceptable.［値上げは受け入れられません。］→　We are anxious to continue a mutually

profitable business.［お互いに利益のあるビジネスを続けたいと希望します。］

　アメリカ人は自分の子供に対しても Good job！と良く褒めます。たとえそんなに出来が良くなくても！学校の先生も同様です。私たち夫婦も子供への接し方における日米の違いを常に強く意識させられていたように思います。会社でもアメリカ人同士で Good job！という声掛けを良く聞きました。日本では謙遜し身内を人前では褒めないのが美徳とされていますね。

　会社でも減点主義が基本のせいなのか部下を褒めることはあまりしないようです。同じ調子でアメリカ人に接するとなんで褒めてくれないのだろうと不満や不信感を抱くかもしれません。私は意識して褒める言葉を英文メールに含めるように努めています。日本人同士だと少し大袈裟かなと感じる表現でも英語ならば自然に聞こえるでしょう。全体にネガティブなトーンですと、たとえ正しいことを主張していても受け入れてもらえない可能性が大きくなります。私はいつもポジティブな印象を与えるように英文メールの表現に注意しています。

ポジティブな表現の例：

■ We are very happy to inform you… ［喜んで…とお伝えします。］

■ It is very kind of you to get back to us.［ご返事いただければ幸いです。］

■ Your report was very helpful.［あなたのレポートは大

変役立ちました。]

■ Your presentation was very informative. [あなたのプレゼンテーションは大変有益でした。]

■ It is always our pleasure to assist you… [お役に立てれば光栄です。]

■ Thank you for the opportunity to do business with you… [一緒にお仕事をさせていただく機会に恵まれ感謝いたします。]

■ We look forward to working with you. [一緒にお仕事させていただくことを楽しみにしています。]

　海外からの英文メールがあまりにも短い文でそっけないと感じたことはありませんか。少しぶっきらぼうに感じることもありますね。確かにそのようなメールも多いですが、日本人がそれを真似るのはあまり感心しません。また、フランクな表現を使うのもお勧めしません。アメリカ駐在時に、日本からの英文メール中に Oh my god！と繰り返し書かれているのを見てアメリカ人スタッフが苦笑していたことがあります。キリスト教徒には God という言葉をむやみに使ってはならないという教えがあるようで、代わりに Oh my goodness！や Oh my gosh！ならば良いとのこと。フランクな表現はネイティブ同士ならば良いのかもしれませんが、使い方を間違えると、親近感を与えるつもりが逆に反感を買うかもしれませんので注意が必要です。

　日本人の英文メールはなるべく丁寧な表現を使った方が誤解

を防ぎ安全だと思います。英語には日本語のような敬語はありません が、丁寧な表現はあります。私は少し丁寧すぎるかなと思うくらいでも良いと思っています。丁寧な表現の典型的なものは以下の通りです。

- ■ Could you、Would you、May I ask …（…していただけませんか？）
- ■ We would、I would…（…いたします）
- ■ We would（you）like to、I would like（you）to（…させていただきたい／していただきたい）

　アメリカ人スタッフと日々仕事で接する中で日米の違いの発見が数多くありましたが、その一つは職務分掌が明確になっていることでした。駐在の初期、あるスタッフの休暇中に日本側から緊急の依頼が飛び込んできました。当然、別のスタッフが代わりに対応するものと思っていたら、誰も何もしません。なんて非協力的なのだろうと思い、何故代わりに対応しないのかと尋ねたところ、その答えは想定外でした。「私が勝手に手出しして間違った対応をしたら責任を取れないから」とのこと。文化・習慣の違いからくる思い込みや誤解から行き違いが生じることも少なくありません。私は相手が置かれた立場に思いを寄せ、相手の周りの環境などを想像しながら英文メールの書き方を工夫するように努めています。

　担当窓口が不明な場合にいつもの相手にメールするようなときは、下記の例文のように書き添えるといいでしょう。メール

を受け取った人が自分のカバー範囲ではないという理由でそのまま放置するようなケースもあります。

■ If you are not in charge of this, would you please forward this email to the right person ?［もしあなたが担当されていなければ、このメールをご担当に転送いただけないでしょうか。］

　文化や習慣の異なる人とのやりとりになるので、日本人同士で通じる「暗黙の了解」は通じません。説明不足のために理解してもらえないケースもあるので気を付けましょう。何かを依頼するときはその背景や理由の説明が必要です。返信が来ないケースについて後で述べますが、その理由の一つは、説明不足のため理解されていないためです。会議の開催を打診するときは、その議題、出席者、目的などを明示することを忘れないようにしたいですね。時差があるので、何度も疑問点について質問・回答を繰り返すのは時間のロスに繋がります。どんな場合でも、相手の疑問を想定しあらかじめ説明しておくといった工夫が必要です。

　もう一つ注意したい点は長文メールです。日本人が書く英文メールは長文になりがちですね。私も経験があるのですが、日本語で考えたことをそのまま直訳すると長いメールになってしまいます。必要以上に長いメールというのは日本語でも同様ですが、読み手にとっては非常に迷惑です。書く方も時間がかかりますが、読む方も時間がかかり、長文というだけ

で第一印象を悪くします。相手の貴重な時間を奪わないように気を付けることはビジネスマナーの基本だとも言えるのではないでしょうか。私は英文メールが長くならないようにいろいろと工夫しています。以下にポイントをあげますので参考にしてみてください。

①結論・要約から始める

もともと英語は結論が先に来て後にその説明が来る構成になっているように思います。たとえば、結論の後にbecause が来て理由を説明するといったように。メールはなるべく短くしたいので、いきなり結論を書くと唐突すぎる場合を除いて、結論から書く習慣をつけましょう。長文メールの場合は要約を最初に書くといいですね。読み手は最初の数行を読んだだけで概要を理解できます。結論や要約の後に理由や目的などの補足説明や詳細を追加すればよいと思います。最初の一文だけ読んで概要が理解できるのがベストです。

②複数文を一文にまとめる

二つ以上の文で表現する内容も一つの文にまとめられる場合も多いと思います。一度書いた後に、もっと短くまとまらないかどうか見直してみましょう。例を挙げます。

推敲前：

We will be closed due to a national holiday tomorrow. But I will check emails during the holiday. So please try to reply by tomorrow.［祝日のため明日は休業します。しかし私は休日中もメールをチェックします。だからなるべく明日までにご返事ください。］

↓

推敲後：

Please try to reply by tomorrow, when I will check emails even for our national holiday.［明日は祭日ですがメールをチェックしますのでなるべく明日までにご返事ください。］

③箇条書きにする

複数の質問や課題を記述するとき、あるいは、プロセスを説明するようなときは箇条書きにしましょう。そして補足説明が必要な場合は、上述の1については…と番号で紐付けると読みやすいですね。

Please answer to the following questions.［以下の質問にご回答ください。］

1)

2)

3)

4)

Regarding the above 1), we need to know urgently for our planning purpose.［上記1に関しては計画を立てるために急いでいます。］

④略語・略称を使う

英語は頭文字を並べて略語とすることが多いです。一般に
使われる場合は略語だけでよいですが、相手がわからない
かもしれないと思ったときは、略語の直後にフルネームを
括弧でくくって付けた方が親切です。また、長い会社名は
最初にフルネーム（略称）と表記し、以降は略称だけで記述
するのが原則ですね。

⑤古い文語体を避け口語体に変える

英文レターで使うような時代遅れの表現はやめて、なるべ
く簡単な表現に置き換えましょう。その方が読みやすいで
すし、親しみを感じさせます。ただし、くだけた表現は控
えましょう。以下に例を挙げます。

× Please be kindly advised that the above-mentioned
orders will be dispatched to you tomorrow.［上述の
注文品が明日貴社向けに出荷されることをどうぞお
聞き入れください。］

↓

○ These orders will be shipped to you tomorrow.［こ
れらの注文品は明日貴社向けに出荷されます。］

× May I request your kind assistance in submitting
the said documents by then ?［それまでに上述の書
類を提出するにあたり貴社のご親切なご支援を依頼
させていただいても宜しいでしょうか。］

↓

○ I hope you will send me these documents by then.
　　［それまでにこれらの書類をお送りいただければ幸
　　いです。］

⑥推敲する

　書き終わったら、読み直して推敲しましょう。日本語を単
に直訳しただけのものはわかりにくいので、意味を変えず
に表現方法を工夫できれば良いですね。読み返すときは相
手の気持ちになって読むことが大切です。疑問が生じない
だろうか、反感を招かないだろうか、ビジネスライク過
ぎないだろうか…等々。一度読んだだけで直ぐに理解で
きるように英文を整えましょう。

⑦詳細は添付資料にする

　詳細な説明をしなければならないケースもあり長文になる
こともあるかと思いますが、そのような場合はサマリーを
メール本文に書き詳細は添付資料にするなどの工夫が必要
でしょう。

　上記④の略語に関して余談をお話させてください。言葉を短
くする方法として、英語では頭文字を並べて短くすることが多
いのに対し、日本語では文字を抜いて短くするという違いがあ
ります。たとえば Personal Computer を PC と呼び、日本語
ではパソコンと言うように。ネイティブはたとえ初めて耳にす
る略語であっても頭文字の並びからある程度推測できるようで

す。私にはそのようなことは無理なのでよく使われる略語をリ
ストにして覚えるようにしました。本書の付録の一つ「ビジネ
スで多用される略語一覧」がそれです。ご活用いただければと
思います。

「ビジネスで多用される略語一覧」の一部
■ ARO：After Receipt Of Order 発注後
■ COB：Close Of Business 終業時間
■ EOL：End Of Life 生産（販売・サポート）終了
■ ETD：Estimated Time of Departure
　　　　　出荷（出発）予定時間（日）
■ LTB：Last Time Buy 最終発注（購入）
■ NCNR：No Claim No Return クレーム・返品なし
■ TBD：To Be Determined 未定（追って決定される予定）

　パソコンと言えば、ずいぶん前の話になりますが、日本から
アメリカへ出張した人が持参したパソコンのことをアメリカ人
スタッフに話すときに、「パソコーン」とコーンの部分にアク
セントを付けて発音して伝えようとした場に居合わせました。
その人には大変申し訳なかったのですが、爆笑してしまいまし
た。パソコンはかなり前から使われていますが、英語をそのま
ま取り入れてカタカナで表記し使用する言葉、さらにそれを日
本語的に短縮した言葉がどんどん増えていますね。

　最近は、日本語と英語を組み合わせた後にさらに短縮すると
いう荒技も出てきてビックリです。長い駐在が終わり日本へ帰

国した当初、私は「ガラケー」が何を指しているのか全く分かりませんでした。話についていけず大変バツの悪い思いをしていました。しばらくは誰かに聞くのも気が引けて悶々としておりました。早く気づけば良かったのですが、その後、ググって調べて意味が分かりました。

　そう言えば日本では「ググる」と言いますが、アメリカでは google と言います。google が動詞になっているのですね。このような新しい用法は学校では教えてくれないのではないでしょうか。IT 用語も学校では教えてもらえないことが多いので、英語で何というか分からないことも多いかと思います。本書の付録に「IT 用語一覧」も載せましたのでご利用ください。

「IT 用語一覧」の一部

- ■ application：アプリ
- ■ compressed file：圧縮ファイル
- ■ debug：プログラムのエラーを修正する
- ■ icon：物事を簡単な絵柄で記号化して表現するもの
- ■ phishing：インターネットのユーザーから経済的価値のある情報を取得、悪用する詐欺行為
- ■ reboot：再起動する
- ■ spread sheet：コンピューターのソフトウェアで表に入力した数値を計算処理し表示するもの。米国では一般に EXCEL で作成した表を指す

　この章では英文メールを書く際の基本的な姿勢や心構えを述べました。キーワードでまとめると次の5つになります。

①感謝で始め感謝で終える
②ポジティブなトーンで
③丁寧な表現で
④相手を思いやって
⑤なるべく短く簡潔に

　私は常にこれらのキーワードを念頭に置いて英文メールを書くように心がけています。これだけでも違いが出てくるかと思います。基本姿勢が定まると迷いがなくなり早く書けるようになります。さらに、相手にとっても読みやすいものになるのでやりとりがスムーズになるでしょう。難しい単語や言い回しを使う必要は全くなく、むしろそのようなものは読みづらさに繋がり逆効果になります。ビジネスの英文メールに高度な英語スキルは必要ないと思います。基本姿勢を忘れずに書けば、たえつたない英語でも相手に伝わりますし、むしろ好印象を与えるでしょう。英語にコンプレックスを持つ必要はありません。コツをつかめば英文メールのキャッチボールが上手になりビジネスの効率が上がるだけではなく、英文メールだけで折衝を完結することができるようになります。

第2章　メールの構成

英文メールに決まった形式はないですが、基本は①「書き出し」＋②「本文」＋③「締めくくり」の構成になり、「書き出し」と「締めくくり」をそれぞれ一段落、「本文」は一段落または複数の段落にして、段落と段落の間は一行分の間隔を空けると全体に読みやすいものになるかと思います。

メールの構成

①書き出し

②本文　第一段落

（本文　第二段落）

（本文　第三段落）

③締めくくり

　単に質問に答えるだけのメールなど、一文だけで終わるようなケースもありますが、そのような場合は特に注意する点はないので、ここでは省きます。本文の書き方は次の章で述べます。この章では①「書き出し」と③「締めくくり」についてお話します。

　前にも述べたように、感謝の言葉で始め感謝の言葉で締めくくるのがポイントになります。たとえクレームや苦情のメールでも、書き出しは日頃の協力への感謝などを伝え、締めくくり

では今後の対応に感謝する、あるいは期待する旨を述べましょう。本文で多少きつい言葉でクレームした場合でも、全体のトーンを和らげる効果があります。誰でも否定的な言葉だけ投げられてはたまりません。あることで責められている一方で、この部分は認めていますよ、期待していますよ、と言われれば、問題解決に取り組もうという気にもなるものです。

　書き出しについていくつかのパターンに分けて例文を挙げて説明します。

　初めてメールする場合、書き出しに感謝の言葉は入りません。まずは簡単な自己紹介をしましょう。

■ My name is XXX, and I am in charge of XXX.（I have taken over XXX's position.）［XXX と申します。XXX を担当しています。（XXX の業務を引き継ぎました。）］

誰かの紹介でコンタクトする場合

■ I am sending this email to you because XXX gave me your name.［XXX から紹介を受けてこのメールを差し上げます。］

宣伝などで知りコンタクトする場合

■ I was interested to see your advertisement.［広告を見て興味があります。］

いつもコンタクトしている場合、お礼の言葉から始めましょう。

■ Thank you for your email（reply/response/phone call/visit）[メール（ご返事、ご回答、お電話、ご訪問）ありがとうございました。]

■ Thank you for the meeting（report/proposal/quote/purchase order）[ミーティング（レポート、ご提案、お見積り、ご注文）ありがとうございました。]

相手の近況に関して言葉を添えると親しみが感じさせる効果があります。これは必須ではありません。

■ How was your vacation（trip）？ [休暇（旅行）はいかがでしたか？]

■ How was the snowstorm？ [大雪はどうでしたか？]

■ I hope you enjoyed your vacation.[休暇を楽しまれたことと思います。]

■ I hope you recover from the sick soon.[直ぐに快復されることを祈ります。]

久しぶりの場合はこんな書き出しが良いでしょう。

■ How have you been？ [お久しぶりです。]

■ I hope you are doing well.[お元気でお過ごしのことと存じます。]

■ I hope this email finds you well.[お元気でお過ごしのことと存じます。]

締めくくりについてもいくつかのパターンに分けて例文を挙

げます。

相手の対応に感謝する

■ Thank you in advance for your support.［サポートいただければ幸いです。］

緊急性を伝える

■ Your prompt response would be greatly appreciated.［直ぐにご回答いただければ大変有難いです。］

■ We hope to receive your prompt response.［直ぐにご回答いただければ幸いです。］

期限を設ける

■ If you could reply no later than XX, it would be highly appropriated.［XX までにご返事いただければ幸いです。］

期待をこめる

■ I hope to hear from you soon.［直ぐにご連絡いただければ幸いです。］

■ I look forward to hearing from you soon.［速やかなご連絡をお待ちしております。］

　書き出しと締めくくりはパターン化しているので状況に応じた言い回しをいくつか駒として持っておき、その時々で適切な駒を選択し使えるようになればとても楽ですね。いつも同じ言

葉を繰り返し使っていると心がこもっていないとみなされるか
もしれません。同じ言葉を何度も繰り返し使わないように注意
し、持ち駒を順に使っていけばよいでしょう。そのため同じ内
容を持ついくつかの言い回しを用意しておくのがポイントにな
ります。

　話が前後してしまいますが、敬辞（頭語／メールの最初の呼
びかけ）、結辞（結びの言葉）、署名についてお話します。

　まず、敬辞について。私が実際に海外、特に欧米から受信
したメールを調べたところ、下記のような敬辞が多いです。
ここでは太郎さん宛ての英文メールを想定しています。やは
り、Dear の方が Hi よりも改まった言い方のようで、私は常に
Dear を使うようにしています。いろいろな事情もあるかと思
いますので、好みに合わせて使えば良いかと思います。

Dear Taro,
Dear Taro-san,
Hi Taro,
Hello Taro,
Good Morning Taro,
Taro,

　最近は日本人に対して san をつけるケースが増えてきまし
た。余談になりますが、英語の敬称は Mr.、Ms.、Dr. などですね。
違う国の名前は男性か女性か分からないことが多く、Mr. をつ

けるべきか、Ms. をつけるべきか迷います。その点、日本語の「さ
ん」は性別に関係なく使えるので便利で、アメリカ人も san を
つける便利さを感じているようでした。英語では、例えばペッ
トの犬や猫も性別により He、She で表現します。私見になり
ますが、英語を母国語とする国では常に男か女か、雄か雌かを
区別して言葉を選ばなけれならないので、性別を強く意識して
いるのではないかと思います。一方、日本では、一歳でも年上
だと敬語を使うような習慣があるので、相手の年齢を気にしま
すね。こういったところにも言語と文化・習慣の関係性があら
われていて興味深いです。

　私は初対面の相手の場合に Mr. や Ms. の敬称を付ける場合
もありますが、大抵はファーストネームだけで呼びかけます。
日本人は敬称を省略することに抵抗感がありますが、欧米では
ファーストネームで呼び合うのが普通です。例え上司であって
もファーストネームで呼ぶのが当たり前で、私も駐在当初は違
和感がありました。英語で呼びかけるときは、ファーストネー
ムだけで呼ぶのが習慣になっているので、気にする必要は全く
ないかと思います。

　不特定の相手の場合には、以下のような表現もあります。

Dear All, 　［皆さん、皆様、各位］
Dear Sales Team, 　［営業チーム各位］
To whom it may concern 　［関係各位］

次に結辞について。実例から拾ってみたところ以下の通りです。

Best regards,
Kind regards,
Regards,
Thank you.
Thanks.
Thank you & Best regards,
Thanks & Regards,

こちらも好みに合わせてどれを使っても良いと思います。場合によって使い分けることなく同じ言葉をいつも使っている人が多いようです。

次にメールの末尾に載せる署名について述べます。これについても実例を調べたところ下記のような体裁が多かったです。

①名前
②タイトル（役職名）
③部署名
④会社名
⑤会社住所
⑥電話番号
⑦メールアドレス
⑧会社 HP アドレス

これらの中で②、③、⑤、⑧を省く例もあり、こちらも事情に合わせて組み合わせればよいかと思います。なお、順番については、⑥、⑦が④の前に来るケースもあります。

　最後に例文でおさらいしましょう。

例文1

Dear George,

I hope you are doing well.

It is time for updating the prices for next year. Unfortunately, we have to raise the prices by 10% due to material cost increase. Please review and give us your feedback.

We hope to have your positive response. Thank you.

Best regards,
Taro Suzuki,
Sales Manager,
ABC Corporation
T : +81-3-XXXX-XXXX　　（注1）（注2）
M：+81-70-XXXX-XXXX
E : taro.suzuki@abcxxx.co.jp

［ジョージ、お元気ですか。

来年の価格更新の時期になりました。残念ながら材料費上昇の
ため10％値上げする必要があります。ご検討頂きフィードバッ
クをお願いします。

前向きのご返事をお待ちしています。よろしくお願いします。

ABC株式会社
営業課長
鈴木太郎
電話番号：+81-3-XXXX-XXXX
携帯電話番号：+81-70-XXXX-XXXX
メールアドレス：taro.suzuki@abcxxx.co.jp］

（注1）TはTelephone Number 電話番号、MはMobile Phone
Number携帯電話番号、Eはemail addressメールアドレスを意
味します。このような省略を行う人が多いようです。
（注2）+81は日本の国番号（81）を示しています。海外が相
手の場合は国番号を入れるのが親切でしょう。

例文2

Hi Hanako,

It was great to speak to you over the phone.

Thank you for reviewing the change of transportation mode for the shipment. I understand you need to get approval from your boss, and it may take a couple of days.

Please let us have your prompt response so that we can report to our customer. Thanks.

Kind regards,
Mary Smith,
Purchasing Department,
XYZ Company
T : +44(0)XXXX-XXX-XXX　　（注3）
M：+44(0)XXXX-XXX-XXX
E : marys@xyz.com

［花子、先ほどはお電話でお話できて良かったです。

輸送方法の変更をご検討くださるとのことありがとうございます。上司の承認が必要で2、3日かかることは理解します。

お客様へ報告できるように速やかにご返答ください。よろしくお願いします。

XYZ Company

調達部

メアリー・スミス

電話番号：+44(0)XXXX-XXX-XXX

携帯電話番号：+44(0)XXXX-XXX-XXX

メールアドレス：marys@xyz.com]

（注3）+44(0)は44が国番号で、(0)は国際電話番号をかけると
きに最初のゼロを省略することを意味しています。

第3章 本文の書き方
～目的別の表現

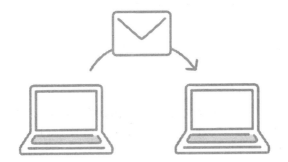

　まず、本文の書き方について目的別にみていきましょう。ビジネス・メールの目的には大きく分けて(1)「依頼と応答」、(2)「要求と応答」、(3)「督促・フォロー」、(4)「通知・連絡」があるかと思います。(1)「依頼」と(2)「要求」は同じじゃないかと思われるかもしれません。ここでは、(1)「依頼」は相手が引き受けてくれるかどうかわからないが頼んでみるような場合を想定します。自分と相手との力関係が同じ、あるいは、相手の方が強いケースです。これに対し(2)「要求」は当然の権利として求める場合、たとえばクレームです。こちらは自分の方が優位なケースです。それぞれの応答についても、断るケース、譲歩するケースに分けて解説したいと思います。単に応じる場合は特に工夫は必要ないので省きます。

(1)依頼と応答

　まず、依頼について。最初にこのメールが依頼であることを簡単に述べます。そのあとに続く依頼内容や背景・目的を直ぐに理解してもらえるように、心の準備を促す効果があります。

- ◾ We have questions (requests) for you. [質問(依頼)があります。]
- ◾ This is to request you for … [本メールで…を依頼させていただきます。]
- ◾ We would like to request you as follows. [以下の通り依頼させていただきます。]

簡単な依頼の場合は、依頼文＋理由・目的で良いでしょう。

■ Please fill in the attached form so that we can open a new account for you. ［新しい口座開設のため添付書式にご記入ください。］

背景、理由、目的などが簡単に述べられないような場合は、最初にそれらを簡潔に述べた後に依頼文という構成になります。

■ There are some regulations for importing XXX into Japan. Your product falls into this category. Importers are required to submit XXX before clearing the custom. Therefore, would you send us XXX soon？ ［日本への輸入にあたり、ある規制があり、貴社の製品がその規制対象となります。輸入者は通関前に XXX を提出する必要があります。従いまして XXX を直ぐにお送りいただけますでしょうか。］

★ここで「fall into …」は「…に属する」を意味しビジネスで良く使われます。

依頼文にはいくつかのパターンがあります。いつも同じパターンを使っていると事務的に聞こえるかもしれませんので時々変えてみるのが良いと思います。

■ Please …
■ Would you（please）…
■ Could you（please）…

- ■ May I（we）ask you if…
- ■ I（We）would like you to…
- ■ I（We）need you to / need to
- ■ Do（Would）you mind if I（we）ask you…
- ■ XXX should be…
- ■ I（We）would appreciate it if you would/could…
- ■ I（We）would be grateful if you…

　次に応答について。単に同意する場合は省きます。断る場合について述べます。しこりを残さず良好な関係を維持できるような配慮が必要です。残念ながら受けられないという遺憾の気持ちを述べ、受け入れらない理由を書きましょう。将来への期待の言葉を添えるのも効果があります。

　まず、残念ながら受け入れられない旨を述べます。
- ■ Unfortunately we cannot accept（agree to）…［残念ながら弊社は…を受け入れられません。］
- ■ We regret that …［残念ながら…］
- ■ I am（We are）sorry（to say）that…［申し訳ございませんが…］
- ■ We are afraid that we would not be able to…［残念ながら…できないと思います。］
- ■ I am（We are）not in a position to…［弊社は立場上…できません。］

　そのあとに続けて理由を述べます。

■ Because it is against a regulation. ［それが法規制に違反するためです。］

■ Recent high demand situations would not allow us to …［最近需給がタイトになっているため…できません。］

　必須ではありませんが、将来に向けて前向きな言葉を加えたい時もあるでしょう。そのような場合には次のような言い方もあります。

■ Please let us know if there is anything else we can do to help you in the future. ［何かお役に立てることがありましたらご連絡ください。］

■ We will let you know if there are any changes in our plan in the future. ［弊社の計画に変更が生じましたらご連絡いたします。］

　単に受け入れる、あるいは断る以外に、譲歩する意思を示し相手の譲歩を引き出す場合もあるでしょう。

■ Unfortunately, we cannot accept the price increase, but would you consider that you keep the current price if we order in larger volume ?［残念ながら値上げは受け入れられません。注文量を増やした場合、価格据え置きをご検討いただけないでしょうか。］

■ We regret that your proposal would not meet our budget. However, if you could extend the warranty period, we should be able to review it again. ［残念ながら貴社のご提案は弊社の予算に合いません。しかし

ながら、保証期間を延長いただければ再検討いたします。]

(2)要求と応答

　何らかのエラーや製品の欠陥などに対してクレームし対策を要求するような場合は、いきなり要求文を出すのは得策ではありません。まずは起きたこと、発見したこと、そしてそれが何故問題なのかを説明した上で、要求を述べます。

　起きたことや発見したことはなるべく事実に基づき主観を交えずに記述する必要があります。相手側に落ち度があるとの確証がない場合、最初に通知するときは断定的な言い方は避け、「XXX と考えますがいかがですか？」と言う問いかけの形が良いでしょう。

- According to our records, ［弊社の記録によれば］
- Our incoming inspection shows… ［弊社の受入検査によれば］
- It appears to us that… ［…のように思います］
- We would like to hear your opinion. ［貴社のお考えをお聞かせいただきたいと思います。］
- Could you investigate at your end ? ［貴社側でも調査いただけないでしょうか。］

何故クレームするのかについて、単に問題だ、困るといった

感想や意見を言うのではなく、エラーや欠陥が引き起こす問題について客観的に説明します。これくらいは言わなくても分かるはずと思うかもしれません。しかし、文化や習慣の違いから理解されない場合もありえますので、どこまで説明が必要なのかについて一度立ち止まって考えてみることをお勧めします。

　駐在時に日本側から問題について単に「部長が怒っているから」とだけ言われアメリカ人スタッフに説明するのに窮したことがあります。日本人の感覚からすると「客が怒っています」「上司が怒っています」というだけでも相手が動いてくれると思うかもしれませんが、特に欧米では感情に訴える方法は通用しないと考えた方が良いです。

　要求文の言い回しは依頼の時よりも少し強めの調子になります。
- We must ask you［弊社は貴社にお願いしなければなりません。］
- We（urgently）require you to［弊社は（急ぎ）貴社に…いただく必要があります。］
- We need your urgent/immediate action［貴社の急ぎのご対応が必要です。］
- It must be corrected［修正される必要があります。］

　対策を行うことが相手にとっても役立つことを示すことが動機付けになるでしょう。
- If the quality is improved, our sales as well as our

order with you would be increased.［品質が改善され
れば弊社の売上だけではなく貴社への注文も増えるで
しょう。］

(3)督促・フォロー

　海外とのメールのやりとりで返事が来なくて困った経験はあ
りませんか？私もいつも頭を悩ませていますし、私の周りの人
たちからもアドバイスを求められることが多いです。私はまず
何故返事が来ないのだろうかと理由を考えます。相手にもより
ますが、単に忘れられているだけかもしれませんし、進展がな
いから連絡しないのかもしれません。こちらの意図が伝わらな
かったからかもしれません。

　単純に Resend、Reminder とだけ添えて再送するのはあま
り効果的ではないですね。駐在時、あるアメリカ人スタッフは
いつもそのようなやり方でメールを再送していました。日本側
からのメールにも同様なケースを散見しました。もし相手が単
に失念していたような場合はそれでも良いかと思いますが、海
外とのやりとりは時差もあって時間がかかるので、なるべく先
回りして言葉を添えた方が良いでしょう。

　以下に、ケース別の表現方法の例を挙げます。

　意図が伝わっていないかもしれない場合
　■ If anything is not clear, please let me know.［ご不明な

点などありましたらお知らせください。]
- ■ Please advise if you have any questions ［ご質問があ
りましたらご連絡ください。]

結論が出ていなくても進捗だけでも教えてほしい場合
- ■ I believe you are still working on XX, but please give
me any updates by return. ［XX に取り組まれている
ことと思いますが、折り返し進捗をご連絡ください。]
- ■ Would you let me know any progress even if it has
not yet finished ? ［まだ終わっていなくても進捗をお
知らせいただけませんか。]

事情を伝えて急がせる場合
- ■ Could you send us your response within today so that
we could report to our customer tomorrow ? ［明日
弊社の顧客へ報告するために、今日中にご返事いただ
けないでしょうか。]

　回答をうまく引き出すポイントには以下のようなものがあり
ます。
　　①優先順位をつける
　　②目的を説明する
　　③緊急性を伝える
　　④相手の利益につながる点を説明する
　　⑤第三者の権威を使って迫る

それぞれの例文を挙げますのでご参照ください。

① Among the followings, please put the top priority on the first one. ［以下のうち一番初めの項目を第一優先としてください。］

② We would like to have your answers in order to make action plans. ［対策を立てるため貴社のご回答をいただきたいと思います。］

③ We need it by tomorrow so that we can report to our customer by the deadline.［弊社の顧客へ期限までに回答するために、それが明日までに必要です。］

④ Could you give us your proposal within this week ? We will have to draft a new contract reflecting your proposal.［今週中にご提案をいただけないでしょうか。弊社は貴社ご提案を盛り込み新契約のドラフトを作成する必要があります。］

⑤ Since the custom house requires this document, please submit it to us no later than XX.［税関がこの書類を必要としているため XX までにご提出ください。］

（4）通知・連絡

　最後に通知と連絡について述べます。これは一方的に情報を伝える場合で、受領や理解、参加・出席可否について回答を要求することもありますが、基本的に送信のみ、あるいは一回の交信で完結するものです。

最初にこのメールがXXの通知であることを述べます。読み手が直ぐに理解できるように、一言で概要がわかるような言葉を選びましょう。ただし、反感を招くような内容の場合にショックを和らげる言葉にするケースもあるかもしれません。

■ In this email, we would like to explain… ［このメールで…をご説明します。］
■ This is to inform you of… ［このメールで…をご連絡します。］
■ Please be informed of… ［…をお知らせします。］
■ We would like to inform you of the changes in prices for the next fiscal year.
　［来年度の価格変更についてお知らせしたいと思います。］
　（実際には値上げ通知ですが、価格変更と述べています）

　日常的に良く使われるのが会議案内だと思います。慣例化し簡略しても問題がない場合を除き、通常、会議案内には下記項目が記述されるのが望ましいかと思います。

[会議案内 Meeting Invite (Invitation)]
　①開催日時 Date and Time
　②開催場所 Venue
　③出席者 Attendees
　④議題 Agenda
　⑤事前配布資料（任意）Pre-distributed Materials / Handouts
　⑥出欠連絡（任意）Please let us know if you can attend /

participate.

　開催日時については、時差を考慮して相手の国・地域と日本の日時を併記すべきでしょう。

　出席者に関して、特に欧米では職務分掌が明確に分かれているので、議題によって出席してもらうメンバーの人選が重要になります。会議の目的に応じて、必要な情報を持っている人、意思決定ができる人、情報共有してもらう人、といったように。

　また、議題についてもおろそかにしてはいけないと思います。駐在時に時々あったことですが、日本側から議題が明確ではない会議開催の依頼が来て、アメリカ人スタッフや現地の取引先から議題は何か、目的は何かと聞かれて困った経験がありました。日本では議題や目的が明確でないまま、とにかく集まって話し合おうということで会議を開催することがありますが、欧米の人たちは理屈に合わないことはやらない、成果が期待できないことは時間の無駄と考える傾向が強いので注意が必要です。

例文（会議案内）

We would like to hold a teleconference with you. The date and time, and proposed agenda will be as shown below.

Date & Time : 4:00pm April 20th PST and 8:00am April 21st JST　　（注）

Agenda :

   1)

   2)

   3)

   4)

Please let us know if you want to add any other agenda items.

Since the agenda includes both commercial and technical matters, please invite your engineering members appropriately. The material for the meeting is attached to this email.

Please let us know if the date and time will be good for you. If not, please propose alternative date and time.

> （注）PST : Pacific Standard Time 米国太平洋標準時
> JST : Japan Standard Time 日本標準時

　［貴社と電話会議を開催したいと思います。開催日時と議題案は下記の通りです。

開催日時：米国太平洋標準時4月20日午後4時、日本標準時4月21日午前8時

議題：

　　1）

　　2）

　　3）

　　4）

もし議題の追加のご希望がありましたらお知らせください。

商務と技術の両方が議題に含まれますので、貴社の技術部門から適切なメンバーもご招待ください。会議資料をこのメールに添付します。

開催日時についてご都合が良いかどうかをご連絡ください。もしご都合が良くない場合は、代替の日時をご提案願います。]

　議事録も良く書きますね。こちらも項目毎に簡潔にまとめる必要があります。

[議事録 Meeting Minutes]
　①開催日時 Date and Time
　②開催場所 Venue
　③出席者 Attendees
　④議事内容 Notes
　⑤アクションアイテム Action Items
　⑥次回開催予定 Next Meeting Schedule

特に欧米とのビジネスでは合意事項を議事録にして記録として残しておくのが重要です。合意したことを明確化するため、修正すべき点がないかどうか返信を依頼しておくべきです。一般に日本人は私も含めヒアリングが苦手な人が多いので、聞き間違いや誤解を防ぐため、書面で認識が合っていることを確認するのに議事録は役立ちます。

　議事録とは少し異なりますが、私は、電話の直後に、話した内容を簡潔にまとめメールしておくように心がけています。これは、認識に間違いないことを確認するだけではなく、書面の記録として残し将来のトラブル発生時に役立てる目的もあります。

例文（電話の内容を確認する）

It was nice talking with you over the phone today.

I have summarized as shown below what we discussed. If anything is wrong, please let me know by return.
1. To complete the production no later than XX
2. To send weekly progress reports until completion
3. To submit the outgoing inspection report within 3 days after completion

Thank you for your continued support.

　［今日はお電話ありがとうございました。お話しした内容を以下の通り要約します。何か間違いがありましたら折り返しご連絡ください。］

1. XX までに生産を完了する
2. 生産完了まで週次の工程進捗レポートを提出する
3. 生産完了後3日以内に出荷検査レポートを提出する

引き続き宜しくお願い致します。]

第4章　本文の書き方
～前置詞、副詞、接続詞、イディオムの活用

　次に本文を組み立てるときのコツとして前置詞、副詞、接続詞、イディオムの活用について述べたいと思います。うまく前置詞、副詞、接続詞、イディオムを入れると文（あるいは段落）と次の文（あるいは段落）の関係が明確になり読みやすくなります。以下、用法毎に分類してみました。

（1）〜について、〜に関して

　これは、メール本文の最初などに多用する前置詞・イディオムの一つかと思います。「〜について述べます。」「〜に関してはXXXです。」というときに使う前置詞・イディオムには様々ありますが、いくつかを覚えておき直ぐに使えるようにしておくと良いでしょう。

- Regarding
- Concerning
- With regard to
- As for
- As far as … is (are) concerned
- In terms of

例文1

Regarding your request, we have discussed internally and would like to propose as follows.［貴社のご依頼に関して弊社内で協議し以下の通り提案いたします。］

例文2

Concerning the non-conformity report, we have carefully reviewed. ［不適合レポートに関して注意深く確認いたしました。］

例文3

With regard to the warranty clause, our counterproposal is as shown below. ［保証条項について弊社案は下記に示す通りです。］

例文4

As for the delivery schedule, we cannot accept it. ［その納期については受け入れることができません。］

例文5

As far as the payment terms **are concerned**, we would agree to it. ［支払条件については合意いたします。］

例文6

In terms of cost, the idea may not be good enough. ［コストの面からそのアイディアは十分ではないかもしれません。］

(2) 〜によれば

これも多用するイディオムの一つで、ものごとの出所を示すときに使われます。

■ according to
■ based on

例文 1

According to the import regulations, the certificate of origin is required. ［輸入関連法令によれば原産地証明が必要になります。］

例文 2

We have inspected the products **based on** the specifications. ［仕様書に基づき製品を試験しました。］

(3)以下のように

「以下のように依頼します」というように、依頼する内容が一言で表現できない場合や、「以下のような内容が挙げられます」というように複数の項目を列挙する場合に、このイディオムを使います。

■ as follows
■ as shown below

例文 1

We have requests for you **as follows**. ［以下の通りご依頼し

ます。]

例文2

Our inquiry is **as shown below**. ［お問い合わせ内容は下記
に示す通りです。］

(4) 〜を考慮して／〜の観点から

「〜に配慮して XX してください」「〜に考慮して XX しま
す」「〜の観点から XX と思います」というようなときにこれら
を使います。

〜を考慮して
- in view of
- in consideration of
- considering

〜の観点から
- in terms of
- from the viewpoint of

例文1

In view of the failure, we would like you to pay more
attention to the outgoing inspection. ［その不具合を考慮し
て出荷検査にもっと注意して頂きたいと思います。］

例文2

In consideration of mutually beneficial business, we are willing to accept your targeted price. ［相互に利益の出るビジネスを考慮して貴社のターゲットプライスに同意します。］

例文3

Considering the tight market, please try to place your order soon. ［逼迫した市場を考慮して直ぐに発注ください。］

例文4

In terms of our good partnership, we would like to make a compromise. ［良好なパートナーシップを考慮して妥協したいと思います。］

例文5

From the viewpoint of legal compliance, we could not agree to your proposed countermeasure. ［遵法の観点から貴社が提案する対策には同意できません。］

（5）～によって、～を通って、～の代わりに

　これらも良く使うフレーズです。via、through のあとは仲立ちとなる人・モノ、中継となるモノなどが続きます。for、on behalf of のあとは人、グループなどが続き、それらの代行、代表となるという意味になります。

〜によって／〜を通って

■ via

■ through

〜の代わりに

■ for

■ on behalf of

例文1

We will send it to you **via** international courier.［それを国際宅配便で貴社宛てに送付します。］

例文2

We purchase the product **through** a distributor［弊社はその製品を代理店経由で購入しています。］

例文3

I will attend the meeting **for** my boss.［上司に代わって弊職がその会議に出席します。］

例文4

I made a speech **on behalf of** our company.［私は会社を代表してスピーチを行いました。］

(6)目的、理由、原因を表す接続詞・イディオム

　「〜のため」、「〜だから」といった目的、理由、原因を示す前置詞やイディオムも多く使われますね。同じ言葉を繰り返し使うと稚拙な印象を与えます。異なった表現で繋げた方が全体の流れが良くなります。直ぐに類語が思い浮かんでうまく当てはめられるようになると、早く読みやすい文が書けるようになるでしょう。

　英語では最初に結論が来て、その後に原因や理由が続くという構成が多いように思います。いろいろと言い訳をしてからネガティブな結論を話したいというのは私も含め多くの人に共通する心情だと思います。しかしビジネスではスピードが求められるので、基本は結論を先にいうべきでしょう。ただし、原因や理由を強調したい場合にあえて先に述べるという組み立て方もあるかと思います。

■ because
■ since
■ as
■ in order to
■ so that … can

例文1

Please conduct the first article inspection **because** the quality assurance agreement states its requirement.［品質

保証協定にその要件が規定されていますので、初回製品検査を実施してください。]

例文2

Since the market is very competitive, would you consider reducing the price of your product? ［市場の競争が激しいので、貴社製品の価格引き下げをご検討いただけますか？］

例文3

As you order higher volume, we are pleased to make 5% discount. ［注文量が多いので5％値引きさせて頂きます。］

例文4

Could you take a corrective action **in order to** prevent from causing the error? ［そのエラーを防止するために対策を講じていただけますか？］

例文5

Could you make sure that you ship the order no later than the end of this week **so that** we **can** receive it by the deadline ? ［期限までに弊社が受け取れるように、今週末までにその注文品を出荷することを確実にしていただけますか？］

(7)経緯と結果を繋ぐ副詞、接続詞

　一方、経緯を説明する場合は逆の順番になります。結果に至る

までの経緯を説明してから、結果を述べるようなときに、結果の
前に挿入する副詞、接続詞もいくつか覚えておくと便利です。

■ therefore
■ thus
■ accordingly
■ consequently

例文 1

The delay in delivery would make our production stop.
Therefore, we request you to pull in the delivery. ［納期遅
延が弊社生産を止めてしまうでしょう。だから、納期前倒し
を要求します。］

例文2

The same phenomenon was not reproduced. **Thus**, we
judge there were no defects. ［同じ現象は再現しませんでし
た。したがって欠陥はなかったものと判断します。］

例文3

The raw material shortage has grown rapidly, **accordingly**
it is now causing a tight market. ［原材料の品不足が急激に
悪化しており、そのため、需給ひっ迫が起きています。］

例文4

The packaging was not strong enough for exporting.

Consequently, we think the damage was caused during the transportation. ［梱包は輸出向けに十分な強度がありませんでした。結果として、輸送中にダメージが起きたと考えます。］

(8)反対の意味の文を繋ぐ副詞、接続詞・イディオム

　反対の意味の文と文とを繋いで文章を組み立てることはよくあることで、これらの副詞、接続詞、フレーズも直ぐに頭に浮かぶと便利でしょう。

- ■ but
- ■ however
- ■ although
- ■ though
- ■ even if/even though
- ■ nevertheless

例文 1

I respect your opinion, **but** I observe the incident differently. ［あなたの意見を尊重します。しかし弊職はその事故について違った見方をしています。］

例文 2

We understand your efforts, **however**, we must ask you to pull in the delivery further. ［貴社の努力を理解いたします。しかし、さらなる納期前倒しをお願いしなければなりませ

ん。]

例文3

We have been maintaining the current price **although** labor and material cost have increased.［弊社は、人件費や材料費が上がったにもかかわらず、現行価格を維持してきました。］

例文4

Though it is better than the last proposal, would you be able to give us more discount?［前回のご提案よりも良いですが、もう少し値引き頂けないでしょうか？］

例文5

It would be too late **even if** you want us to change the transportation mode.［たとえ輸送方法の変更を希望されても、遅すぎるかと思います。］

例文6

The inspector carefully checked the products. **Nevertheless**, the defect was not detected.［検査人は注意深くその製品をチェックしました。にもかかわらず、その欠陥を見つけることはできませんでした。］

(9)その他

便利な副詞、接続詞、イディオムには以下のようなものもあ

ります。

■ in detail　詳細に
■ respectively　それぞれに
■ subject to 〜を条件として
■ as soon as/ once 〜するやいなや／すれば／次第

例文 1

Could you explain it more **in detail** ?［もう少し詳しくご説明いただけますか？］

例文 2

We recommend the products A, B and C. The prices are XX, YY and ZZ **respectively**.［製品 A、B、C をお勧めします。価格はそれぞれ XX、YY、ZZ です。］

例文 3

The prices will be XX, but they are **subject to** changes depending on the market prices of materials.［価格は XX ですが、材料の市場価格により変更することを条件とします。］

例文 4

Please give us the shipping advise **once** shipped.［出荷次第、出荷案内をください。］

ビジネスで良く使われる前置詞、副詞、接続詞、イディオ

ムについて、本書の付録の一つ「用法別前置詞・副詞・接続詞・イディオム一覧」にまとめましたので是非ご活用ください。これらをうまく使えば、本文の構成をわかりやすく、読みやすくすることができると思います。また、こういう時はこれ、というように使う前置詞、副詞、接続詞、イディオムを決めて繰り返し使っていれば、反射的に適切な前置詞、副詞、接続詞、イディオムが思い浮かび、スムーズに書くことができるようになるでしょう。

第5章　本文の書き方
〜決まり文句

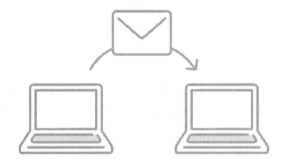

　ビジネス英文メールで多用する決まり文句も覚えておくと、
書くときに便利なだけではなく、読解する時にも役立つかと思
います。以下に、ビジネスで良く使われる決まり文句について
グループ別に例文をまとめてみました。

(1)数に関する決まり文句

■〜以上　… or more
■〜以下　… or less
■〜超　　more than …
■〜未満　less than …
■合計で　in total
■平均で　on an（the）average

例文1

The unit price will be $100.00 if the order volume is 1,000 **or more.**［注文数が 1,000 以上の場合、単価は $100 になります。］

例文2

The tolerance is plus 5% **or less**.［許容差はプラス5％以下
です。］

例文3

The price is $100 in case of ordering **more than** 1,000.
［1,000 個を超える注文の場合、価格は $100 です。］

例文4

The import tax is exempted if the declared amount is **less than** $100. [申告価格が $100 未満の場合、輸入税は免除されます。]

例文5

The order amount is $10,000 **in total**. [注文金額は合計で $10,000 です。]

例文6

The ocean transportation time should be one month **at an average**. [海上輸送期間は平均で1か月です。]

(2)時に関する決まり文句

■〜までに(時)	by / no later than
■〜以内に	within
■〜に(時)	in （例)1 週間後に = in one week
■なるべく早く	as soon as possible（ASAP)
■朝一番で	first thing in the morning
■現在まで	to date
■〜(年月日)付けで	as of Day Month, Year（Month Day, Year)
■1 日につき	per diem / per day
■1 年につき	per annum

例文 1

Please give us your feedback **no later than** May 15.［5 月 15 日までにフィードバックをお願いします。］

例文 2

Would you send me the report **within** this week ？［今週中にレポートを送っていただけますか？］

例文 3

Let us hold the next meeting **in** two weeks.［2 週間後に次回のミーティングを開催しましょう。］（「2 週間以内」の意味ではないことに注意ください。この点誤解している人が少なくないように思います。「遅くとも 2 週間以内」と理解し、それよりも早まる可能性もあると考えるのは間違いです。）

例文 4

Please provide us with the documents **as soon as possible**.［その書類をなるべく早くご提供ください。］

例文 5

We will take care of it **first in the morning**.［朝一番に対応します。］

例文 6

The accumulated number **to date** is 1,000.［現在までの累計は 1,000 です。］

例文7

I was promoted to the sales manager **as of** April 1st. [4月1日付で私は営業マネージャーに昇格しました。]

例文8

The lodging cost **per diem** is \$300. [1日あたりの宿泊費は\$300です。]

例文9

The software license fee is \$10,000 **per annum**. [ソフトウエアの使用許諾料は1年あたり\$10,000です。]

(3)「示す」決まり文句

■前者	the former
■後者	the latter
■添付の通り	as per attached, as attached, as you can see in the attached
■以下の通り	as follows, as below, as shown below
■前述の通り	as mentioned above
■以下が更新情報です。	Here is an update.
■以下がご質問への回答です。	Here is (are) the answer(s) to your question(s).
■…と喜んでお知らせします。	We are pleased to inform you that …

■ご担当者様　　　　to whom it may concern

例文 1

We recommend Product A and Product B. The unit prices would be $120 for **the former** and $100 for **the latter** respectively.［製品 A と製品 B を推奨します。単価は前者が $120、後者が $100 です。］

例文 2

The documents you requested are **as per attached**.［ご依頼の書類は添付の通りです。］

例文 3

The questions are **as shown below**.［質問は下記の通りです。］

例文 4

As mentioned above, it would be difficult to meet your deadline.［前述の通り、デッドラインに間に合わせるのは難しいです。］

例文 5

We are pleased to inform you that the first article has passed all the inspection.［初回製品が試験に全て合格したことを喜んでお知らせします。］

(4)「弁解」の決まり文句

■〜できればよいのですが　We wish if we could…

■このようなことを言うのは申し訳ございませんが…

　I am (We are) sorry to say this, but …

■〜するより他に方法がございません　There would be no other way than (but) …

■〜するしか方法がありません　have no choice but to …

例文 1

We wish if we could agree to your proposal, but it would not meet our target.［貴案に同意できれば良いのですが、それは弊社の目標を満たさないと思います。］

例文2

I am sorry to say this but, the confirmed delivery is too late.［このようなことを言うのは申し訳ございませんが、その回答納期は遅すぎます。］

例文3

There would be no other way than increasing the price due to sudden rise of the material cost.［材料費の急騰により価格を上げるより他に方法がございません。］

例文4

We **have no choice but** to ask you for price reduction.［価

格引き下げをお願いするしか方法がありません。]

(5)ビジネスの決まり文句

■現場で	on site
■出張修理・サポート	on-site services
■実地研修	on-site training
■在宅勤務	work from home
■先入れ先出し	first in first out
■(部品や組立品の)形状・適合度・機能の特性	form fit and function

例文 1

Could you investigate the cause of the failure **on site**?　[現場で不具合の原因を調査いただけますか？]

例文 2

We provide on-line support as well as **on-site services**.　[弊社は出張サービスだけではなく、オンライン・サービスも提供します。]

例文 3

We would provide an **on-site training** for repair.　[修理に関する実地トレーニングも提供します。]

例文 4

I **work from home** a couple of days a week.［私は週に2、3日、在宅勤務します。］

例文5

Please place an order as soon as possible because we supply the product **first in first out** basis.［弊社は先入れ先出し方式により製品を供給しますので、なるべく早く発注ください。］

例文6

Even if the modification is made, there would be no differences in **form fit and function.**
［修正を加えても形状・適合度・機能の特性上に違いは生じないでしょう。］

(6)その他の便利な決まり文句

■折り返し　　　by return
■お返しに／見返りに　　　in return for
■そのままで　　as it is
■私の知る限り　　To（the best of）my best knowledge
■…に属する　　fall into…
■A（人）とB（もの）を折半する　　go halves（fifty-fifty）with A on B
■そうは言っても、と言うことで　That being said

例文1

Please give us an update **by return**. [折り返し最新情報を教えてください。]

例文2

In return for larger volume, we could offer you a discount. [ボリューム増の見返りに値引きいたします。]

例文3

Please leave it **as it is.** [そのままにしておいてください。]

例文4

To the best of my knowledge, there was no damages on the cargo. [私の知る限り貨物に損傷はありません。]

例文5

The product **falls into** the category for license. [その製品はライセンスが必要なカテゴリーに属します。]

例文6

May I ask you to **go fifty-fifty with** us **on** the additional freight cost ? [追加の輸送費について折半にいたしませんか？]

例文7

We cannot accept your target price. **That being said**, we

could give you 10% discount. ［目標価格は受け入れられません。そうは言っても 10% の値引きは可能です。］

例文8

A new fiscal year will begin soon. **That being said**, let us confirm the schedule. ［新しい年度が間もなく始まります。ということで、予定を確認しましょう。］

That being said は通常、例文7のように使われます。例文8は例文7とは反対の意味になりますが、こちらも時々使われるようです。前後の文脈から判断しましょう。

ビジネスで多用される決まり文句をリストにした、付録「決まり文句一覧」を是非ご活用ください。

第6章　ケース別の書き方

次に、ビジネスで良く使われる英文メールの書き方のコツと
して、ケース別にまとめてみます。価格交渉、納期交渉、クレー
ムの3つです。それぞれ買い手と売り手の両方の立場から送信、
返信するケースを想定します。

(1)価格交渉

　まずは、買い手が価格引き下げを要求し、売り手が断る、あ
るいは譲歩案を出すケースについて。買い手は事前に交渉材料
を十分に検討しておく必要があります。日本で通用するやり方
が国際取引で通用しないことが多いことを肝に銘じておきま
しょう。「そこをなんとか」と言った心情に訴える交渉は通用
しないと覚悟した方が良いです。日本でも基本は同じですが、
やはり国際取引は WIN－WIN が原則になります。相手にとっ
てもなんらかのメリットが出るような方向に持っていくのが成
功の秘訣です。一般に競合が最も有効ですが、国際取引ではボ
リューム増の効果が高いように思います。付録に「価格交渉材
料リスト」を載せましたのでご参考にしてください。

　■買い手の依頼例1（ボリューム増、まとめ発注）
　　➢ We would like you to review if you could reduce
　　　the price by 10 % when we place a blanket order of
　　　the product.［その製品のブランケットオーダー（注）
　　　を行った場合に 10% 値下げできるかどうかをご検討
　　　いただきたいと思います］

（注）ブランケットオーダーとは、長期（たとえば1年間分）の数量をまとめて一括で注文する方式のこと。分納スケジュールの変更を一定の条件のもとに認めるケースもある。

■買い手の依頼例2（支払条件変更）

➤ Could you consider that you can offer better pricing in case that we agree to Net 30 instead of Net 60 ?［支払条件を60日から30日サイトに変更した場合、値下げをご検討いただけますか。］

■買い手の依頼例3（早期引き取りによる期末売上増）

➤ We may allow you to ship the order two weeks earlier than the contracted delivery schedule, by the end of this quarter. If so, would you give us a discount ?［注文納期よりも2週間早めて本四半期末までに出荷いただいても結構です。その場合に値下げしていただくことは可能でしょうか。］

　欧米企業は四半期決算のところが多く、また会計年度もまちまちなので、早期引き取りにより売り手の四半期決算売上増に繋がる一方、買い手の期末棚卸増を避けるような方法も検討できるかと思います。

■売り手の回答例1（断る場合）

➤ Unfortunately, we could not agree to the requested

price reduction, because we would not have an enough margin regardless of the higher order volume.［残念ながら値下げはお受けできません。数量増でも十分なマージンが確保できないためです。］

■売り手の回答例2（譲歩案を出す場合）

➢ We are sorry that we cannot meet your request, but we could offer 5% discount if you accept specification relaxation.［残念ながらご要求にお応えすることができません。しかし、仕様緩和を認めていただければ5%のお値下げが可能です。］

　アメリカでショッピングするときに「Buy Two Get One 50% Off」という看板を良く見かけました。「2つ買えば2つ目は50%値引きする」という意味です。多く買えば安くなるというのは日本でもありますが、アメリカではそのようなボリューム・ディスカウントが頻繁に行われていると感じました。ビジネスでも同様で、価格引き下げを要求すると、注文数量の増加、あるいはオプションを追加発注するなど、注文金額の増加を求められることが多かったです。海外との取引では、相手の国の商習慣を調べ、それに合わせて戦略を立てるのも交渉の秘訣の一つかと思います。

参考例文 1－1（買い手の依頼例）

Dear XX,

Thank you for your quotation.

We have reviewed it and would like to request you to consider a price reduction.

In order to succeed in bidding, we must ask all our suppliers to cooperate with us in reducing cost. Concerning your product, the target price would be XXX. It would be greatly appreciated if you could review to meet the target.

Since we will have our internal meeting to prepare for the bidding next week, please give us your feedback by the end of this week.

We hope to hear your positive response soon.

［お見積りありがとうございます。

お見積りを検討させていただきましたが、価格引き下げをお願いしたいと思います。

入札に成功するために弊社はすべてのサプライヤーに対しコ

スト削減のご協力をお願いする必要があります。貴社の製品
のターゲット価格は XXX です。このターゲットに合わせて
いただければ幸いです。

来週、弊社では応札準備の社内会議がありますので、今週末
までにご回答をお願いします。

速やかに前向きなご回答をいただけますよう宜しくお願い致
します。]

参考例文 1 - 2（売り手の回答）

Dear XX,

Thank you for your email.

We have sincerely reviewed your request, and are pleased
to offer you XX% discount of the product if you agree to
one of the followings.

1. To purchase an option, extended warranty to your
   purchase order
2. To pay 30% of total order amount in advance at order
   placement
3. To accept Grade B of the product

If you have any questions, please do not hesitate to contact us.

We look forward to hearing from you soon.

［メールありがとうございます。

ご依頼につき慎重に検討させていただき、もし貴社が以下の
いずれかに同意いただけるのならば XX% の価格引き上げを
させていただきたいと思います。

1. 保証期間延長のオプションを購入する
2. 注文時に注文金額の 30% を前払いする
3. 製品の B グレードを受け入れる

もしご質問がありましたらご遠慮なくご連絡ください。

直ぐにご返事いただけましたら幸いです。］

(2) 納期交渉

　国際取引において頻繁に起きるトラブルの一つが納期関連か
と思います。私が納期トラブルに直面していつも感じるのは、
日本と海外との間の時間感覚や時間管理の違いです。アメリカ
駐在時に、借家のヒーターの故障や雨漏りなどのトラブルが頻
繁に起こりました。大家が遠方に住んでいることもあり、修理
は私自身が業者に電話をかけて依頼しました。修理に来る時間

については 4 時間の枠内で設定されることが多かったです。た
とえば、午前 8 時から正午までの時間というように。ただし実
際に作業員がその時間枠内に来ることは少なく、ひどいときは
来ないこともありました。最初は大変やきもきし何度もフォ
ローの電話をかけましたが、そのうちに覚悟を決め気長に待つ
ようになりました。また、アメリカで復旧まで数時間以上かかっ
た停電を何度も経験し、寒い冬を暖房なしの暗い部屋で 10 時
間以上家族全員が震えながら惨めな思いで過ごしたこともあり
ました。アメリカのような文明国で何故このようなことが起き
るのかと最初はとても信じられない思いでしたが、そのうち、
何事も時間がかかるのが当たり前だと諦めの境地に達しまし
た。日本で長時間停電が起きれば電力会社のトップが謝罪する
ような事態になりそうですね。

　ビジネスの場面では、欧米の企業は週単位でスケジュールを
管理することが多く、日本であまり馴染みがなかったので最初
は少し違和感がありました。たとえば、「いつまでに」と期限
を設ける場合に具体的な日付で設定するものと思っていたら、
「第 XX 週までに終了」と言われ、日本のきめ細かい時間管理
とのギャップに困惑することも多いです。日本人の時間感覚は
特別なものかもしれません。たとえば日本の電車の時刻の正確
さは、その特異性から世界的にも有名ですね。時間厳守を第一
優先にするばかりに他に皺寄せが及ぶ恐れもあり、日本のやり
方が必ずしもベストとは言い切れません。海外との取引で時間
感覚や時間管理の違いを背景に軋轢が生まれることが少なくな
いのが現実だと思います。

納期遅延の対策については日本も海外も大きな違いはないか
と思いますが、そこを何とかといった心情に訴えるだけではう
まくいかないのは価格交渉と同様です。こちらも調整しデッド
ラインを延長したので協力して欲しいとか、特急料金(残業代、
チャーター便代など)を払うので出荷を早めて欲しい、あるい
は、例外的に仕様を緩和する(工程の一部を免除する)ので工程
を短縮して欲しいといったように、譲歩し対策を求めるのが打
開策として有効でしょう。また、単に納期の改善を求めるだけ
ではなく、こちら側の事情や緊急性を説明する必要もあります。
たとえば客先からペナルティを請求される恐れがあるといった
ように。ただし、契約に規定がある場合を除き、脅迫している
と受け取られないように表現に工夫が必要です。日本では顧客
上位の商習慣が通用するかもしれませんが、海外では買い手と
売り手に上下関係はありません。高圧的な要請の仕方は反感を
招くだけで得策ではないことに留意しましょう。

■買い手の依頼例1 (特急料金)

➢ Would you pull in the delivery by an expedite fee ?
We will be willing to pay up to XXX if you can
meet the deadline. ［督促料金をお支払いしたら納
期を前倒しいただけますか？もしデッドラインに合
わせていただければ弊社はXXまでお支払いできま
す。］

■買い手の依頼例2 (仕様緩和)

➢ We would be able to accept specification relaxation

such as XXX if it would help to expedite the delivery schedule.　［もし納期短縮に役立つのならばXXXのような仕様緩和を受け入れたいと思います。］

■売り手の回答例1（要求を満たせない場合）
　➢ We regret that the current delivery schedule would be the best as we have taken every possible actions.［既にあらゆる手段をつくしており、残念ながら現行の納期がベストになります。］

■売り手の回答例2（対策への協力を求める場合）
　➢ May we ask if you could help us to source the material so that we could shorten the lead-time?［リードタイムを短縮するため部材入手を助けていただけますか？］

参考例文2－1（買い手の依頼例）

Dear XX,

Thank you for your efforts to expedite the delivery of the order # xxx.

Although we appreciate your hard work, there is still a quite large gap between your confirmed delivery schedule and our deadline. We would like you to consider further actions as follows.

1. To receive the materials from your suppliers via air shipment instead of ocean shipment
2. To work over the weekends
3. To skip Process A provided you submit a Deviation Request Form

Regarding Items 1& 2 above, we would confirm if we would be able to pay expedite fees depending on how they would improve the delivery.

We hope to have your comments soon. Thank you for your support.

(#：number を意味します。)

［注文番号 xxx の納期改善にご尽力いただきありがとうございます。

しかしながら貴社の納期回答とデッドラインとの間にはまだ大きな隔たりがあります。さらなる対策として以下のご対応をご検討いただきたいと思います。

1. 貴社のサプライヤーからの部材調達を海上輸送から航空輸送に切り替える

2. 週末に臨時出勤し作業する

3. 逸脱要求フォームを提出しプロセス A をスキップする

上記1と2に関し、納期改善の状況に応じて、督促料金のお支払いを検討いたします。

直ぐにご返事いただければ幸いです。サポートありがとうございます。]

参考例文2-2(売り手の回答例)

Dear XX,

Thank you for your email of XX（Month Day/Day, Month）.

We fully understand the critical issue, and have reviewed your requests. We will be willing to work over the weekends to pull in the delivery. After confirming the availability of our operators, we will update our production schedule.

We will let you know the improved delivery schedule, no later than the end of this week. We are sorry for the trouble.

[XX 付けメールありがとうございます。

問題の重要性を十分に理解し、ご要求を検討いたしました。週末の臨時出勤により納期前倒しをさせていただきたいと思います。弊社作業員の出勤可否を確認し生産スケジュールを見直します。

　今週末までに改善後の納期をご連絡します。本トラブルをお詫びします。]

(3)クレーム

　品質クレームも国際取引上で厄介な問題です。駐在時に違和感を覚えたことの一つに品質上のトラブルが起きた時に「ヒューマンエラー」の一言で片づけられてしまうことでした。どうもその根底には人間はミスを起こすものでミスを防ぐよりも起きた時のリカバリーをやればよいという考え方があるように思います。日本の工場でゼロディフェクト、品質事故ゼロ化、エラー撲滅といったスローガンのもと、改善活動に取り組んでいるのが当たり前になっていますが、アメリカではエラーをゼロにすることはできないので、エラーが起きたときにその復旧を行えばよいというのが中心的な考え方ではないかと感じます。このことはリスクに対する考え方にも通じるように思います。アメリカではリスクを恐れず挑戦し失敗したら直ぐに頭を切り替えて他のことにチャレンジすればよいといった考え方をする人が多いのではないでしょうか。一方、日本ではリスクを恐れて、新しいことに挑戦することをためらう傾向が強いように思います。この文化的な差異が製品やサービスの品質にも

反映されていて、日本は過剰品質になる傾向があり、国際取引で日本が買い手となる場合に品質クレームが多くなる原因の一つではないかと感じています。

■買い手の依頼例1（相手の見解を問う）
➢ We wonder if the product is not in conformity with the purchase specifications, and would like to have your observation. ［その製品は購入仕様に対し不適合かと思われますので、見解をお聞かせください。］

■買い手の依頼例2（補償を依頼）
➢ Please ship a replacement no later than this weekend. ［今週末までに代納品を出荷ください。］

■買い手の依頼例3（対策を依頼）
➢ Would you make sure that no defects will repeat in the future？ ［今後は欠陥が繰り返されないようにご注意いただけますか。］

■　売り手の回答例1（代納を提案）
➢ We sincerely apologize that the error caused you a lot of trouble. The replacement will be shipped within a couple of days. ［エラーによって多大なご迷惑をお掛けしたことを心からお詫び申し上げます。代納品を2、3日以内に出荷します。］

■売り手の回答例 2（反論）

➢ We regret that you received the package with some damages, but we believe there were no damages at shipment. We wonder if they were caused during the transportation.［受領貨物に損傷があったとのこと残念に思います。しかしながら出荷時点は損傷はなかったものと考えます。輸送中に起きたのではないかと思われます。］

参考例文 3 − 1（買い手の依頼例）

Dear XX,

Thank you for your support as always.

Today, we would like to inform you that we have found a non-conformity in the products shipped under the invoice number xxx.

Our incoming inspection has revealed that the dimensions of the products exceed the tolerance. Please see the attached inspection report for more details.

If you agree to the non-conformity, please ship replacements as soon as possible.

We hope to hear from you soon. Thank you.

［いつもサポートありがとうございます。

今日は、インボイス番号 xxx にて出荷された製品に不適合が見つかったことをお知らせします。

弊社の受入検査により寸法が許容差を超えたことが判明しました。詳細は添付の受入検査レポートをご参照ください。

不適合に同意された場合、なるべく早く代納品を出荷願います。

速やかにご返事いただければ幸いです。よろしくお願いします。］

参考例文３－２(売り手の回答例)

Dear XX,

Thank you for your email of XX (Month, Day).

We regret that there was a non-conformity in the products. After checking our records, we have found a mistake in calibration of measurement equipment caused the errors. Please accept our sincere apologies.

We have just shipped replacement to you. You should receive them within next week.

Again we are very sorry for the errors and will make sure that it would not happen again in the future.

［XX 付けメールありがとうございます。

製品に不適合があったことを大変遺憾に存じます。弊社の記録を確認したところ、測定器の校正ミスが原因であったことが判明しました。深くお詫び申し上げます。

代納品を貴社向けに出荷いたしました。来週末までに届くはずです。

エラーに対しあらためてお詫びいたします。今後同様なことが発生しないようにいたします。］

第 7 章　英文メールを
簡素化する工夫

繰り返しになりますが、簡潔なメール文にするのが基本です。これは日本語のメールでも同様ですね。益々スピードが求められる環境の中、メールを書く側も読む側もなるべく短時間で済ませたいですし、一回読んだだけで理解できれば、時間節約だけではなく、強い印象や好感を与える効果もあるかと思います。また、写しに入れた人たちにも直ぐに概要を理解してもらえる効果もあります。もちろん、簡潔すぎて理解できない、あるいは疑問を生じさせるようでは、補足説明や質疑応答による二度手間、時間ロスに繋がりますので注意が必要です。

　ここでは、いかにしたら簡潔で分かりやすいメールを書くことができるのかをおさらいし、例文で解説したいと思います。

　第1章の基本姿勢のところで、英文メールが長くならないようにする工夫として以下の6点を挙げました。

　　①結論・要約から始める
　　②複数文を一文にまとめる
　　③箇条書きにする
　　④略語・略称を使う
　　⑤古い文語体を避け口語体に変える
　　⑥推敲する
　　⑦詳細は添付資料にする

これらの詳細は第1章に書きましたので省略します。

まず、日本人が英文メールを書くときに陥りがちな失敗は、ただ日本語を直訳したために長文で分かりにくい文になることかと思います。頭の中で最初から英語で考えることができればよいですが、なかなかそうはいかないですよね。ただ、決まり文句のようなものは最初から英語で頭に浮かぶようになりますし、慣れてくると部分的でも直ぐにこなれた英文を書くことができるようになるかと思います。

　そもそも直訳すると長くて分かりにくい文になるのでどうしてでしょうか。私は日本語と英語の構造がかなり違うためかと思います。英語は論理的な文章に向いており、特に、感情をはさまないビジネス文に関しては簡潔な文章で表現しやすいように思います。一方、日本語では複数の文を重ねないと意味が通じないことも多く、どうしても冗長な表現になりがちだと思います。

　日本と英語の違いの一つに、日本語では主語を省いてしまっても前後の文脈から理解できることが挙げられます。そのため、日本語から英語へ翻訳するときに、主語は何なのか、どのような英語を主語として使えば良いのかを考えなければなりません。

　また、英語では関係代名詞の which や that が良く使われますが、日本語にはそのような用法はないので日本語から英語に変換するときに、このような場合は関係代名詞を使ったらうまく英訳できるのではないかと少し頭を使わないといけません。

　ネイティブのようにスラスラと英文を書くことは無理でも、パ

ターン化した表現を覚えておき、それらを組み立てることによって、簡単にこなれた英文を書くことは十分に可能だと思います。

　前章までに述べてきた英文パターン、決まり文句をそれぞれ複数覚えておき、英文を組み立てることができれば、わかりやすい文を短時間で書けるようになります。

　それでは、ここで、あるビジネスシーンを想定し、英文メールを書く手順をシミュレーションしてみましょう。

シミュレーション1（買い手から売り手への価格要求）

　買い手が売り手に対し価格の引き下げを要求するケースを想定します。まず、書き出しは決まったパターンの一つを選んで書きます。

Dear XXX,

Thank you for the business with us as always.

次に本メールの主旨を書きます。

This is to request you for reviewing pricing of XXX.

要求とその理由を述べます。

We need you to consider reducing the price by 10% so that we could make our sales price competitive.

補足説明します。

It is essential because your product accounts more than 10% of total cost of our product.

動機付けを加えます。

Your cooperation in pricing should help the increase of your sales as well as our sales.

回答期限を明示します。必要に応じ理由も添えます。

Please reply by XX when we will have our internal meeting on the pricing.

期待と感謝を述べて締めくくります。

It would be grateful if you give us a positive answer by then. Thank you.

全文は次のようになります。

Dear XXX,

Thank you for the business with us as always.

This is to request you for reviewing pricing of XXX.

We need you to consider reducing the price by 10% so that we could make our sales price competitive. It is essential because your product accounts more than 10% of total cost of our product. Your cooperation in pricing should help the increase of your sales as well as our sales.

Please reply by XX when we will have our internal meeting on the pricing. It would be grateful if you give us a positive answer by then. Thank you.

Best regards,
XXX

［いつもお世話になりありがとうございます。

このたびは XXX の価格見直しをお願いしたいと思います。

弊社の販売価格を競争力のあるものとするため、10% の価格引き下げをご検討ください。貴社製品が弊社製品のコス

トの 10% 以上を占めるため是非とも必要です。ご協力は弊
社のみならず貴社の売上増に役立つと思います。

XX 日に弊社内で価格に関する打ち合わせを行いますの
で、それまでに返事をください。前向きな返事をいただけ
れば幸いです。]

シミュレーション 2 (売り手から買い手への返信)

今度は、このメールに対する売り手の返信メールを書いてみ
ましょう。

返信はメールへのお礼の文から始めます。

Dear XX,

Thank you for your email of XX (日付).

次に買い手の依頼に対し誠意をもって検討した旨を述べます。

Concerning your request for price reduction, we have
reviewed carefully.

回答の概要を伝えます。

Unfortunately, it would be difficult to meet your target 10%

reduction.

補足説明を加えます。

The target is quite challenging since the current price should be competitive in the industry.

譲歩案を提示します。

However, considering our longtime good partnership, we would be able to offer 5% discount provided that you give us a blanket order.

締めくくります。

If you are interested, we will be happy to send you detailed proposal. We hope to hear from you soon.

全文は次のようになります。

Thank you for your email of XX（日付）.

Concerning your request for price reduction, we have reviewed carefully.

Unfortunately, it would be difficult to meet your target

10% reduction. The target is quite challenging since the current price should be competitive in the industry.

However, considering our long-time good partnership, we would be able to offer 5% discount provided you give us a blanket order.

If you are interested, we will be happy to send you detailed proposal. We hope to hear from you soon.

Best regards,

[XX 付けのメールありがとうございます。

価格引き下げのご依頼に関し弊社内で慎重に検討いたしました。

残念ながら、目標の 10% は難しいです。現行価格は業界でも競争力があるはずで、その目標は大変困難なものです。

しかしながら、貴社との長い良好なパートナーシップを考慮し、もしブランケットオーダーをいただけるなら 5% 値引きが可能です。

宜しければ詳細なご提案をお送りします。ご意向をお聞かせいただければ幸いです。]

最後に、日本語から直訳した文章を推敲し簡潔にまとめるシ
ミュレーションを行います。

シミュレーション 3 （買い手から売り手へクレーム）
[直訳を推敲]

(1)日本語のメール文
　最近の貴社からの出荷に数量不足があったことを連絡しま
す。インボイス番号 XXX の製品 A はインボイスでは 100 個
と記載されていましたが、実際に数えたところ 95 個でした。
不足分の 5 個について至急、無償で出荷願います。輸送料は貴
社にて負担ください。このような数量不足は 1 か月ほど前にも
ありました。数量不足が繰り返し起きた原因を調査し対策を講
じていただきたいと思います。不足分 5 個をいつ出荷できるか
について、折り返しご連絡ください。また、数量不足の原因と
対策について、1 週間以内にご回答願います。

(2)直訳した英文
We will inform you that there was a shortage of your
recent shipments. Product A with invoice number XXX was
described as 100 on the invoice, but when actually counted, it
was 95. Please ship the shortage of 5 pieces immediately and
free of charge. Please bear the shipping fee at your company.
There was such a shortage of quantity about a month
ago. I would like you to investigate the cause of repeated
shortages and take countermeasures. Please let us know

when you can ship the 5 shortages. In addition, please reply within one week about the cause of the shortage and the countermeasures.

(3)推敲し簡潔な表現に変えた英語文

This is to inform you of shortage in your recent shipment. The actual quantity was 95 although the invoice # xxx shows 100 for Product A. Please ship 5 pieces free of charge freight prepaid. As you know, a shortage in shipment also happened about a month ago. We would like you to investigate the cause and countermeasures for the repeated errors. Please let us know, by return, when you expect to ship 5 pieces, and send us the corrective action report within one week.

　ポイントの一つは、although を使ってインボイス記載数 100 に対し実際の数が 95 だったことを簡潔な文にしたことです。

　　［推敲前］Product A with invoice number XXX was described as 100 invoices, but when actually counted, it was 95.
　　　　↓
　　［推敲後］The actual quantity was 95 although the invoice # xxx shows 100 for Product A.

　もう一つのポイントは、不足数の出荷と対策書の提出という 2つの要求を一文にまとめたことです。

［推敲前］Please let us know when you can ship the 5 shortages. In addition, please reply within one week about the cause of the shortage and the countermeasures.

↓

［推敲後］Please let us know, by return, when you expect to ship 5 pieces, and send us the corrective action report within one week.

シミュレーション4（買い手から売り手への納期交渉）
［直訳を推敲］

(1)日本語のメール文

　注文番号 XXX について突然納期遅延の連絡をいただき大変驚いております。これは弊社の生産に支障をきたし、さらには弊社から弊社のお客様への納入遅延に繋がることになるため、大変深刻な事態です。弊社のお客様へ多大なご迷惑をおかけすることになります。弊社内で調整した結果、貴社製品の出荷のデッドラインは XX 月 XX 日になりました。つきましては、遅くともデッドラインまでに出荷できるようにリカバリーをお願いします。週明けに弊社内で対策会議を行いますので、今週中にご回答をお願いします。

(2)直訳した英文

　We are very surprised to hear that the delivery of PO number XXX has been suddenly delayed. This is a very serious situation as it interferes with our production and leads to delays in delivery from our company to our customer. It would cause a lot of trouble to our customer. As a result of our internal adjustments, the deadline for shipping your product is XX. Therefore, please recover so that you can ship by the deadline at the latest. We will hold a countermeasure meeting in our company at the beginning of next week. So please reply within this week.

(3) 推敲し簡潔な表現に変えた英文

We are very surprised to hear the sudden delivery delay of the PO # XXX. It is quite critical as it would delay our production and cause a lot of trouble to our customer. We have made our best adjustment and the deadline is now XX. Please recover and ship by then at latest. We need your response within this week, because we will have an internal meeting at the beginning of next week.

全体的に長文をなるべく短い文にするように工夫しています。

まず、1つ目のポイントは関係代名詞の代わりに形容詞＋名詞に置き換えて簡潔化したことです。

［推敲前］We are very surprised to hear that the delivery of PO number XXX has been suddenly delayed.

↓

［推敲後］We are very surprised to hear the sudden delivery delay of the PO # XXX.

次のポイントは 2 文を 1 文にまとめて簡潔な表現にしたことです。

［推敲前］This is a very serious situation as it interferes with our production and leads to delays in delivery from our company to our customer. It would cause a lot of trouble to our customer.

↓

［推敲後］It is quite critical as it would delay our production and cause a lot of trouble to our customer.

最後も 2 文を 1 文にまとめ、依頼と急ぐ理由を直ぐに理解してもらえるように工夫しました。

［推敲前］We will hold a countermeasure meeting in our company at the beginning of next week. So please reply within this week.

↓

［推敲後］We need your response within this week, because we will have an internal meeting at the beginning of next week.

第8章　相手を動かす工夫

日本語のメールと同じですが、メールを読んだ相手がどう受け止めるか、そして、どのような行動を起こすのかを想像し、書き方を工夫することも重要です。メールの巧拙が交渉を左右することもあるので注意が必要だと思います。私は、相手の行動にどのように影響し、どのような結果を招くのかを常に念頭に入れながら、メールを書くように心がけています。もちろん、時々失敗もありますが、失敗から学ぶことも多いです。英文ビジネスメールの場合は、相手の国の文化や習慣についてある程度理解していないと難しい面があるので、日本語メールよりもハードルが高いですね。私は経験から学習し、試行錯誤の繰り返しを通じて実践的なノウハウを身に着けてきたと考えており、そのようなノウハウをご紹介したいと思います。

　アメリカ駐在時、会議中に議論が白熱する場面が少なくなかったですが、反論する場合でも、自分の意見を言う前に「あなたの意見も尊重しますが」(I respect your opinion, but) と言うフレーズを良く耳にしたことを覚えています。Respect というのはアメリカ人の間で良く聞く言葉で、直訳すると「尊重する」ですが、日本での「尊重する」よりもアメリカでのRespect の方が多用されていると感じました。アメリカでは、大喧嘩のような激しい議論の直後でもその当事者二人が笑顔で雑談していて、拍子抜けしてしまうことも多かったです。悪い感情を引きずらないのは、文化的な背景があるためでしょうか。意見が異なるのは当たり前、たとえ意見が全く反対でも人間関係とは別であるという考えが身についているように思いました。上司と部下との間でも、部下が自分の意見を主張し譲ら

ないことが少なくなく、最初は戸惑いました。その前提には、意見が違うのは当たり前で十分に議論を尽くすべきであるという考えがあるのでしょう。部下は自分の意見を強く主張しても最後は上司の指示に従うのであり、意見を述べることと、指示に従うこととの間にはっきりと線を引いているようでした。そう言えば子供たちもアメリカの学校でディベートの授業を受けていたようです。アメリカ人は幼い頃から議論する訓練を受けているのでしょう。私はアメリカ駐在の経験から激しい議論に巻き込まれず常に冷静に考えなければならないことを学びました。今でも、感情に引きずられることないように、ストレスが高まりそうになったときは深呼吸をして気持ちを落ち着かせるように気をつけています。

　アメリカでは自分の子供に対して人前でも平気で I am proud of you. と褒めます。日本は謙遜の習慣があり、人前で褒めたり褒められたりする機会は少ないですね。アメリカでのそのような習慣に最初は違和感がありましたが、何度もそのような場面に会ううちに慣れました。褒められることによって子供も自己肯定感を持ち成長していくのでしょう。自身を振り返ると、なぜ友達の親のように褒めてくれないのかと子供から責められたときは返答に窮しました。苦い経験です。そういえば、ビジネスでも上司が部下に対して I am proud of you. と言って褒めるシーンがありました。少し大袈裟ではないかと思いましたが、逆に、それくらい褒めないと部下も納得しないのかとも考えました。褒められることに慣れているアメリカ人に対して、日本人は意識して褒めないといけないと思い、駐在の後半はか

なり努力したつもりです。今でも、英文メール中に意識して褒め言葉を入れるように気をつけています。

（1）相手の行動を促すフレーズ

　まずは、相手を動かすために効き目のあるフレーズを順に解説します。キーワードは①「認める・肯定する・褒める」、②「相手の意思を尊重する」、③「相手の立場を理解する」、④「背中を押す」です。

①「認める・肯定する・褒める」

　反論するときや苦情を言うときでも、まずは良い部分については褒める、意見が食い違っても相手の意見を尊重する、相手の努力を認める、と言ったことがポイントになります。相手にとって不利な話をする前に、このようなフレーズを少し添えるだけでソフトな印象を与え、受け入れてもらえる可能性が高まります。具体例を挙げていきます。

「認める」・「肯定する」

■　I understand your concern.［あなたの懸念は理解いたします。］

■　We really appreciate your efforts.［あなたの努力に本当に感謝しています。］

■　I respect your opinion.［あなたの意見を尊重します。］

「褒める」

- ■ Your report is highly informative.［あなたのレポートは大変役立ちます。］

- ■ The quality of your product is superior to others.［貴社の製品の品質は他よりも優れています］

- ■ Your detailed explanation is very helpful.［詳細なご説明は大変役立ちます。］

② 「相手の意思を尊重する」

　質問をする時や何かを依頼する時にストレートな言い方よりも相手に選択を与えたり相手に返答に応じるかどうかの判断を委ねたりするような表現の方が良いでしょう。直接的な言い方は強要されているような印象を与えるかもしれません。反感を買い、受け入れてもらえない恐れがあるのでなるべく避けましょう。

拒否できる余地を残す

- ■ Would you mind if I ask …?［差し支えなければ・・・をお聞きしても良いですか？］

- ■ May I ask why…?（Why …? は避ける）［何故・・・なのかをお聞きしても良いですか？］

選択肢を提示する・受諾を委ねる

- ■ Could you select one of the following options?［下記

のオプションのいずれか一つを選択していただけますでしょうか？]

■ Would it be possible that you …? [・・・していただくことは可能でしょうか？]

③「相手の立場を理解する」

　ビジネスの取引においては、互いの利害が対立する中で交渉を行うことがほとんどなので、こちら側の立場や事情のみを一方的に主張しがちだと思います。しかしながら、しこりが残らないように交渉を決着させるには、相手の立場も理解した上で、お互いに歩み寄り、決着させていく必要があります。相手の組織内で合意が得られやすいように、情報提供を行ったり提案したりすることも効果があるでしょう。また、上位者へエスカレーションしたときは、自尊心をくすぐるような一言も効き目があるかもしれません。例えば、「このように複雑な問題を解決するためにはあなたの力をお借りする必要があります」・・・といったように。

理解を示す

■ We understand you have done everything possible to maintain the current pricing. [貴社が現行価格を維持するためにあらゆる努力を行ったことは理解いたします。]

■ It would be highly appreciated if you could consider our proposal even under your severe situation. [貴

社の厳しい状況にもかかわらず、弊社の提案をご検討
頂ければ幸いです。]

合意を促すための情報を提供する

■ It would be the best we can do as we have had
our workers to operate overtime to catch up the
schedule. [弊社はキャッチアップするため作業員に残
業をさせており、これがベストのスケジュールです。]

■ We would not be able to reduce the price
further since we have already escalated to upper
managements and adjusted the pricing. [弊社は既に
上層部へエスカレーションし価格を調整済みですの
で、これ以上価格を引き下げることは出来ません。]

自尊心をくすぐる

■ We would need your robust support to resolve this
critical problem. [この重大な問題を解決するために
あなたの強力な支援が必要です。]

■ I wonder if you could investigate the quality issue
using your expertise. [あなたの専門的な知見により
この品質問題を調べて頂ければ幸いです。]

④「背中を押す」

　相手が躊躇しているときは、背中を押すような一言が有効か
もしれません。他社のことを引き合いに出したり、過去にあっ

た同様な事例を提示したりするのが良いでしょう。また、もっと悪い条件を示して、それよりもましだと思わせるのも良いかもしれませんね。単独で考えると受け入れるのが難しい内容でも、他よりはまし、あるいは、他が受け入れているなら受け入れざるを得ないと思わせると、合意に至る可能性が高まります。

他社を引き合いに出す

■ Most of our customers have already accepted the new condition.［弊社の顧客の多くは既にその新しい条件を受け入れました。］

過去の事例を提示する

■ Because we had already set up the payment term in our system based on the previous order, we would like you to maintain the same term.［過去の注文に基づきその支払条件が弊社システムに登録済みなので同じ条件を維持することを希望いたします。］

悪い条件を出す

■ If you do not select the option at this moment, it would delay the schedule further.［現時点でそのオプションを選択しないと、スケジュールはさらに遅延するでしょう。］

　次に、ケース別の対処方法を考えていきましょう。一つは「応答がないとき」で、もう一つは「再考を求めるとき」です。

（2）「応答がないとき」の対処方法

　しばらく待ってもメールへの返信がなく電話でフォローしても応答がなくて困ったなんて経験はありませんか？海外の場合は時差もあるので何度も電話をかけることは出来れば避けたいですね。このようなとき、私はまず、なぜ返信が来ないのかを考えます。考えられる理由を以下に挙げてみます。他にもあるかもしれません。

A)　管轄違い（別の部門が担当）
B)　不在（病欠、休暇、会社休業など）
C)　担当が交替（異動、退社など）
D)　意味が分からず放置
E)　進展がない
F)　複数の項目全てが終わるまで返信しない
G)　対応が無理

　返信が来ない理由を推測し、その理由に応じた情報を追加しフォローメールを入れるのが良いでしょう。いつも返信が早い相手ならば、たまたま不在だったのかもしれませんので再送するだけでも良いですが、そうではない場合は、単に「Resend」や「Reminder」を追記し同じ内容を再送するだけでは効果があまりないですね。返信を促すような工夫をしましょう。

　第3章「本文の書き方～目的別の表現」の（3）督促・フォ

ローのところで、回答を引き出すポイントとして、以下の 5 点をあげました。

① 　優先順位をつける
② 　目的を説明する
③ 　緊急性を伝える
④ 　相手の利益につながる点を説明する
⑤ 　第三者の権威を使って迫る

　これらのポイントも参考にしていただきたいのですが、ここでは、相手の立場や相手を取り巻く環境などを考慮しメールの書き方を工夫する点についてもう少し詳細に述べたいと思います。アメリカ駐在時のエピソードも交えて、返信を促すだけではなく相手の行動も促すためにはどうしたら良いかを考えます。場合によっては、メールの内容だけではなく、**適切な宛先を選ぶこと**も鍵になります。

①相手の選択

　海外、特に欧米は業務分掌が明確になっていて自分の担当以外の仕事には関わらないのが原則になっていますので、相手を間違えるとそのまま放置されてしまうことも多いです。契約、見積、受注、出荷、支払のプロセス毎に細かく担当部門が分かれているケースもあるので注意が必要です。宛先が正しかったかどうかを確認しましょう。また、担当が不在時のバックアップが誰なのかをあらかじめ確認しておくことも必要です。チー

ムで担当している場合を除き、担当が不在時は上司が対応するのが原則です。この後お話しするエスカレーションのためだけではなく、担当不在時の対応のためにも、上司を確認しておくことは重要です。

正しい宛先を問い合わせる

■ If you are not in charge of this matter, could you give the name of the right person? ［あなたがこの件のご担当でないのならば、正しい問い合わせ先を教えていただけないでしょうか？］

バックアップについて問い合わせる

■ Please let me know who would be able to take care of our orders when you are out of office? ［あなたが不在時に誰が対応していただけるのか教えてください。］

②疑問解決

　意味が分からないため返信してこないことも考えられます。商習慣の違いから理解できず放置されているのかもしれません。日本語メールでも、社内でしか通用しない用語を使ってしまい社外の人に通じないこともありますね。まして、海外とのやり取りではより一層注意しなければなりません。暗黙の了解を期待してはいけません。わかりにくいと思われるところを補足説明するとか、単純に不明点がないかどうかを聞くのが良い

です。

補足説明する

■ To be clear, let me explain the meaning of XXX further.［明らかにするため XXX についてさらに説明させてください。］

不明点がないかどうかを聞く

■ I am afraid anything may not be clear to you for my request. Please do not hesitate to ask any questions.［弊職の依頼に関して何かご不明な点があるのかと懸念しております。ご質問がありましたら遠慮なくお問い合わせください。］

③中間報告

　進捗がないから返信しないというコメントは良く聞きます。日本ではきめの細かい対応が当たり前のようになっており、ギャップを感じるかと思いますが、なるべく具体的に依頼する必要があるでしょう。例えば、中間報告が欲しい、進展がなくても毎日簡単に連絡が欲しいなど。理由も添えた方が良いです。

中間報告を依頼する

■ Please send us an interim report to prevent from any further delay in the project.［プロジェクトのさらなる遅延を防ぐため中間報告を送付願います。］

毎日の報告を求める

■ Could you send us a brief update every day regardless of progress so that we can report to our customer?［弊社の顧客へ報告するため、進捗に関わらず簡単に状況報告を毎日送っていただけますか？］

④優先順位

　アメリカ駐在時に複数のトラブルが同時に起きたときのことです。部下にどれも重要なので直ぐに対応するように求めたのですが、同時にこなすのはクレージーなことだ、どれか一つに絞ってくれ、せめて優先順位をつけてくれと言われました。予想外の反応だったので少し驚きました。昭和の時代に新入社員として修業した私は、このような場合、残業をしてでもなんとか同時に全てに取り組むものだと思い込んでいましたが、考え方をあらためる必要に迫られました。今では日本でも「ワークライフバランス」が叫ばれているので状況は変化していますね。日本では当たり前と思っていたことが、海外ではそうではないといった経験は少なくありません。

　メール中に複数の質問や依頼を記述した場合に、それらのうち一つにしか答えてこないというケースも良くあります。海外とのやり取りでは過大な期待は禁物なので私は最初からなるべく項目数を減らすように努めています。また、優先順位をつけて、これだけは直ぐに回答が欲しい旨を伝えます。

優先順位をつける

■ Among the following action items, please put the priority to the first one and reply within this week. ［下記のアクションアイテムのうち一番初めの項目を優先し今週中にご返答ください。］

最重要事項に注力する

■ Among the following action items, please focus on the schedule recovery as the top priority and let us discuss on the others later. ［下記のアクションアイテムのうちスケジュール改善を最優先とし集中して取り組んでください。他については後で話し合いましょう。］

（3）「再考を求めるとき」の対処方法

　回答を得たが、そのままでは受け入れられない、もう少し譲歩を引き出したい、といった場合の対処方法を考えていきましょう。単に要求するだけではなく、相手が動きやすいように配慮する、あるいは動かざるを得ないように少しプレッシャーをかけるようにすると効果的です。

①影響を示す

　こちらの要求に応えないことによる影響、あるいは、逆に応

えたときの影響を示すことが再考を促すことがあります。

影響を示す（メリット）

■ If you could reduce the price by 5%, we should be able to increase the order volume by 10%. ［5%値引き頂ければ弊社の注文量を10%増加させることができると思います。］

影響を示す（デメリット）

■ If you cannot improve the schedule, we may have to ask you for sharing the penalty charged by our customer. ［スケジュールを改善できなければ、弊社の顧客から請求される違約金の分担をお願いしなればならないかもしれません。］

②譲歩をせまる

こちら側の譲歩案を提示し相手の譲歩を引き出すという方法は交渉を決着させる手段として有効だと思います。一方的な交渉は無理やり合意させたとしても、しこりを残し、別の形で何らかの報復を受けると考えた方が良いですね。

こちらが譲歩し相手の譲歩を求める

■ We would accept the price increase for Product A, but instead, could you reduce the price of Product B by 5%? ［製品Aの値上げは認めますが、代わりに製

品Bの価格を5％引き下げていただけませんか？]

費用折半の提案を行う

■　We will be willing to settle this issue by going halves with you in the expenses, since we feel we also have our faults.［弊社側にも落ち度があると考えますので、費用折半でこの問題を解決したいと思います。]

③エスカレーション

　アメリカで店やレストラン、空港のカウンターなどで、怒った客が「マネージャーを出せ」と怒鳴っている光景を良く見かけました。担当では話にならないのでマネージャーと直接話したいというのはビジネスでも良く聞くセリフでした。担当の裁量範囲は限定されていて、それを超えるとマネージャーでないと判断できないのです。アメリカではマネージャーの権限は広く、例えば、部下の採用にはマネージャーが面接し採用決定に深く関わるので、部下はマネージャーである上司の言うことを良く聞きますし、逆に上司と折り合いが悪くなると会社を辞めてしまうことも多いですね。

　交渉が行き詰まったときは相手の上司に話をする、あるいは、自分の上司から相手の上司に話してもらう必要が出てきます。いつもとは限りませんが、訪問して話し合いたい、あるいは電話会議で話し合いたいと持ち掛けると、メールで返答がもらえるときもあります。事態の重要性に気づくのか、あるいは訪問

受け入れや電話会議が面倒だと思うのか、理由はいろいろと考えられます。困ったときに試してみる価値はあるかと思います。

上司と話したい

■ I understand you have done everything you can. I wonder if we can discuss with your boss on this issue. My boss will join the discussion. ［あなたができることは全てやったことは理解しています。あなたの上司とこの問題について話し合うことはできないでしょうか？弊職の上司も協議に加わります。］

電話会議でさらに協議したい

■ I am afraid our discussion is now at deadlock. Would you be able to discuss further via tele-conference inviting other members? ［話し合いは行き詰まっているようです。電話会議で他のメンバーも入れて協議することができるでしょうか？］

　以上、この章の中で述べてきたことの主旨は、基本の考え方は日本語メールと共通であるが、英文メールの場合は文化や商習慣の違いを踏まえて注意を払ったり工夫したりする必要があるということです。キーワードは「褒め言葉」、「業務分掌」、「ヒエラルキー」、「管理方法」、「優先順位」です。以下にポイントをまとめてみます。

「褒め言葉」

■　大袈裟かと思うくらい褒める
■　考えが違っても相手の意見を尊重する
■　動機付けが重要

「業務分掌」

■　自分の担当外の仕事には関与しない
■　担当部門が細かく分かれている

「ヒエラルキー」

■　担当の裁量範囲が限られている
■　マネージャーの権限や責任は大きい

「管理方法」

■　きめの細かい対応は期待できない
■　進捗がなければ連絡しない

「優先順位」

■　一度に多くのタスクをこなすのは難しい
■　合理性のない行動はとらない

　これらを念頭に英文メールの出し方、書き方を工夫すると相手の行動を促すのに役立つものと思います。お試しください。相手のことを考えてメールを出すという基本は日本語でも同じだと考えます。私は英文メールで苦労した経験を踏まえて、日本語のメールでも相手の受け止め方や影響を常に考えるように努めています。そして、それが仕事の成否に少なからず影響を

与えることを実感しています。

終わりに

　いかがでしたでしょうか。何か新しい気づきがあったならば大変嬉しく思います。私が日頃英文メールを書くときにどんなことを考えながら書いているのだろうかということをあらためて思い起こしながら本書をまとめてみました。私自身も無意識に書いているようでいて実はいろいろな工夫を実践してきたことに気づく結果となりました。

　まず、長年のアメリカ駐在の中で身についた習慣としてメールを書くときの心構えがあります。それは第1章で述べた基本姿勢です。日米の調整役といった役割を担う中で、様々なカルチャーショック、新鮮な驚きを感じてまいりました。日本流を押し付けてもうまくいきませんし、逆に米国流に完全に合わせることもできません。日本と海外との違いを理解したうえで対処すればビジネスをより円滑に進めることができるという信念のもと、日々学び努力してまいりました。これからもそれを続けたいと思っています。

　基本姿勢をベースに、あとは様々なテクニックを身に着けてきたと思っています。それらは学校で学ぶようなものではなく、より実践的なもので、ネイティブや日本人の先輩たちの英文メールを参考に、最初は真似ることから始め、段々と自分のスタイルを確立してきたように思います。私はボキャブラリーが少ないですしブロークンな英語を話すのでコンプレックスを感じています。負け惜しみに聞こえるかもしれませんが、ビジネ

スの英文メールでは決まり文句やビジネス用語を覚える方が効果的で、必ずしも語彙を増やせば良いとは思っていません。むしろ誰にでもわかりやすい文にするためには難しい言葉を避けるべきだと思います。

　第2章から第5章までにお話しした型を繰り返し使うことによって、短時間で適切な言葉や文章を選び、メールを組み立て、完成させることができるようになると思います。巻末付録に載せた「ビジネスで多用される略語一覧」、「IT用語一覧」、「用法別前置詞・副詞・接続詞・イディオム一覧」、「決まり文句一覧」も是非ご活用ください。

　長年の経験から得たコツを自分のものだけにするのではなく、できるだけ多くに方々に知っていただき役立てていただきたいという思いから本書を書きあげました。読者のみなさんが本書の中から何か一つでもヒントを得て英文メールの書き方に役立てていただければ大変嬉しく思います。

　2023年4月

岡田　正道

巻末付録

付録1　ビジネスで多用される略語一覧

略　語	フルネーム	意　味	関　連
ARO	After Receipt Of Order	発注後	
ASAP	As Soon As Possible	出来るだけ早く	
ATA	Actual Time Of Arrival	着荷(到着)確定時間(日)	ＥＴＡ、ＥＴＤ、ATD
ATD	Actual Time Of Departure	出荷(出発)確定時間(日)	ＥＴＡ、ＥＴＤ、ATA
attn	attention/for the attention of	宛先/～宛て	
b/w	between		
BTW	By The Way		
c/o	care of	気付	
COB	Close Of Business	終業時間	EOB
COC	Certificate Of Conformance	メーカー証明書、適合証明書	
COD	Cash On Delivery	受取時払い	
COO	Certificate Of Origin	原産地証明	
e.g.	exempli gratia	例えば(ラテン語)	
EOB	End Of Business	終業時間	COB
EOL	End Of Life	生産(販売・サポート)終了	
ETA	Estimated Time Of Arrival	着荷(到着)予定時間(日)	ＡＴＡ、ＡＴＤ、ETD
etc.	et cetera	～等(ラテン語)	
ETD	Estimated Time of Departure	出荷(出発)予定時間(日)	ＡＴＡ、ＡＴＤ、ETA
FAI	First Article Inspection	初回製品検査	
FYI	For Your Information	参考まで	

付録1　ビジネスで多用される略語一覧

略　語	フルネーム	意　味	関　連
i.e.	id est	すなわち(ラテン語)	
LTB	Last Time Buy	最終発注(購入)	
MOQ	Minimum Order Quantity	最小発注数量	
N/A	Not Available/Not Applicable	入手不能／該当なし、非対象	
NCNR	No Claim No Return	クレーム・返品なし	
p.s.	postscript	追伸	
PIC	Person In Charge	担当者	
PLS	Please		
POD	Proof Of Delivery	配達証明	
Re:	Res	〜に関して(ラテン語)	
RFP	Request For Proposal	提案依頼	
RSVP	Répondez S'il Vous Plaît	返事をお願いします(フランス語)	
TBA	To Be Advised/Announced	未定、追って通知	TBC、TBD
TBC	To Be Confirmed	確認中	TBA、TBD
TBD	To Be Determined	未定(追って決定される予定)	TBA、TBC
TGIF	Thank God It's Friday	やった！金曜日だ！(花金)	
w/	with		
w/o	without		
WIP	Work In Progress	作業中	

付録2　IT用語一覧

IT用語	意　味	関　連
algorithm	アルゴリズム。計算手順や処理手順。コンピューターが情報処理するための基盤	
application	アプリ	
boot	起動する	reboot, shutdown
browser	ブラウザー、インターネットを介してWebサイトをパソコンやスマホで閲覧するためのソフトウエア	
bug	プログラムのエラー	debug
capture	キャプチャー(ディスプレー画面全体やウインドーに表示された内容を静止画像のデータとして保存すること)	screenshot
cloud	クラウドコンピューティング。ソフトウエアを持たずにインターネットを通じてサービスを利用すること	
compressed file	圧縮ファイル	
copy and paste	コンピューター上のデータを別の場所へ複製すること	cut and paste
CUI(Character User Interface)	キーボードから入力した命令によって操作するインターフェース	GUI, interface
cut and paste	コンピューター上のデータを別の場所へ移動させること	copy and paste
cyber attack	サイバー攻撃	
debug	プログラムのエラーを修正する	bug
download	ダウンロード(通信回線やネットワークを通じてデータを受信すること)	upload
drop-down list	ドロップダウンリスト(ユーザが一つの値を選択して入力するための一覧)	
edit	編集する	
google	ググる、Google で Web 検索を行う	
GUI(Graphical User Interface)	視覚的に命令して操作するインターフェース(例:ボタンをクリック)	CUI, interface
home page	website の入り口となるページ(日本で一般的にトップページと呼んでいる)	website

付録2　IT 用語一覧

IT 用語	意　味	関　連
icon	物事を簡単な絵柄で記号化して表現するもの	
interface	接続する二つのものの間で情報や信号などをやりとりするための手順や規約を定めたもの	CUI, GUI
look up	検索する	search（research）
mobile phone, cellular phone, cell phone	携帯電話	smartphone
PC	Personal Computer パソコン	
phishing	インターネットのユーザーから経済的価値のある情報を取得、悪用する詐欺行為	
play a video	動画を再生する	
reboot	再起動する	boot, shutdown
retrieve	読みだす、検索する	
screenshot	スクリーンショット（画面に表示されている内容を、そのまま画像データとして取得する操作）	capture
scroll down	スクロールダウン（画面内に表示しきれない部分を表示するために、表示内容を上下左右に移動させること）	
search（research）	検索する	look up
shutdown	停止する（シャットダウンする）	boot, reboot
smartphone	スマートフォン（スマホ）、多機能性携帯電話	mobile phone, cellular phone, cell phone
spread sheet	コンピューターのソフトウェアで表に入力した数値を計算処理し表示するもの。米国では一般にEXCELで作成した表を指す	
upload	アップロード（公開・共有するためにファイルを転送すること）	download
URL（Uniform Resource Locator）	インターネット上のホームページ（Webサイト）やファイルの位置（アドレス）	
web browser	閲覧ソフト	
website	日本で一般的にホームページと言っているもの	home page

付録3　用法別前置詞・副詞・接続詞・イディオム一覧

用　法	前置詞・副詞・接続詞・イディオム
〜に関して	regarding
〜に関して	concerning
〜に関して	with regard to
〜に関して	as for
〜に関して	about
〜に関して	on
〜に関して	as far as … is (are) concerned
〜に関して	in terms of
〜によれば	according to
〜によれば	based on
以下のように	as follows
以下のように	as shown below
〜を考慮して	in view of
〜を考慮して	in consideration of
〜を考慮して	considering
〜の観点から	in terms of
〜の観点から	from the viewpoint of
〜によって / 〜を通って	via
〜によって / 〜を通って	through
〜の代わりに	for
〜の代わりに	on behalf of

付録3　用法別前置詞・副詞・接続詞・イディオム一覧

用　法	前置詞・副詞・接続詞・イディオム
～するために	in order to
～するために	so that … can
～だから／～ゆえに	because
～だから／～ゆえに	since
～だから／～ゆえに	as
それゆえ／したがって	therefore
それゆえ／したがって	thus
それゆえ／したがって	accordingly
それゆえ／したがって	consequently
しかし	but
しかし	however
～にもかかわらず／だけれども	although
～にもかかわらず／だけれども	though
～にもかかわらず／だけれども	even if/even though
それにもかかわらず	nevertheless
詳細に	in detail
それぞれに	respectively
～と言う条件で	provided (that)
～を条件とする／～を条件として	subject to
～するやいなや／すれば／次第	as soon as
～するやいなや／すれば／次第	once

巻末付録

付録4　決まり文句一覧

タイプ	日本語	英　語
数	～以上	XXX or more
数	～以下	XXX or less
数	～超	more than XXX
数	～未満	less than XXX
数	合計で	in total
数	平均で	on a (the) average
時	～までに(時)	by / no later than
時	～以内に	within
時	～に(時)	in (例)1週間後に =in one week
時	なるべく早く	as soon as possible (ASAP)
時	朝一番	first thing in the morning
時	現在まで	to date
時	～(年月日)付けで	as of Day Month, Year (Month Day, Year)
時	1日につき	per diem / per day
時	1年につき	per annum
示す	前者	the former
示す	後者	the latter
示す	添付の通り	as per attached, as attached, as you can see in the attached
示す	以下の通り	as follows, as below, as shown below
示す	前述の通り	as mentioned above
示す	以下が更新情報です。	Here is an update.
示す	以下がご質問への回答です。	Here is (are) the answer(s) to your question(s).
示す	…と喜んでお知らせします。	We are pleased to inform you that …
示す	ご担当者様	to whom it may concern

付録4　決まり文句一覧

タイプ	日本語	英　語
弁解	～できればよいのですが	We wish if we could
弁解	このようなことを言うのは申し訳ございませんが…	I am (We are) sorry to say this, but …
弁解	～するより他に方法がございません	There would be no other way than (but) …
弁解	～するしか方法がありません	have no choice but to …
ビジネス	現場で	on site
ビジネス	出張修理・サポート	on-site services
ビジネス	実地研修	on-site training
ビジネス	在宅勤務	work from home
ビジネス	先入れ先出し	first in first out
ビジネス	(部品や組立品の)形状・適合度・機能の特性	form fit and function
その他	折り返し	by return
その他	～のお返しに／～の見返りに	in return for
その他	そのままで	as it is
その他	私の知る限り	To (the best of) my best knowledge
その他	…に属する	fall into…
その他	A(人)とB(もの)を折半する	go halves (fifty-fifty) with A on B
その他	そうは言っても、と言うことで	That being said

巻末付録

付録5　価格交渉材料リスト

チェックリストとしてご利用ください

交渉材料	✓
競合	
発注数量の増加(前回・前年比増)	
発注数量の増加(複数注文の一括発行)	
中長期の数量増(年率XX%増)	
フォーキャスト提示(引き取り責任あり・なし)	
ブランケットオーダー(長期一括発注・分納)	
累計数量ランク別価格の設定	
累計数量が一定量を超えた場合のキャッシュバック	
支払条件の変更(支払サイト短縮、一部前払い、プログレスペイメント)	
要求仕様の緩和	
取引先の調達部材の変更(廉価部材の承認)	
取引先の部材のまとめ発注	
納期前倒しによる四半期売上増(棚卸増とのバランス考慮)	
貿易条件の変更(輸送費の交渉力の優位性)	

岡田正道（おかだ・まさみち）

1959 年東京生まれ。

1982 年慶應義塾大学経済学部卒業。

1982 年から現在まで電機メーカーの調達・輸入・輸出部門で勤務。通算17 年間のアメリカ現地法人での駐在、米州・欧州・アジア合計 12 か国への出張も含め、30 年以上の国際ビジネスのキャリアを通じて習得した英文メール・ライティングの実践的なノウハウを本書で紹介。

日商ビジネス英語検定 1 級合格（2022 年 3 月）、TOEIC（L & R）910 点（2022年 2 月）

英語で書く、ビジネスメールの基本

2023 年 5 月 15 日　　第 1 刷発行

著　者———　岡田正道
発　行———　日本橋出版
　　　　　　　〒 103-0023　東京都中央区日本橋本町 2-3-15
　　　　　　　https://nihonbashi-pub.co.jp/
　　　　　　　電話／ 03-6273-2638
発　売———　星雲社（共同出版社・流通責任出版社）
　　　　　　　〒 112-0005　東京都文京区水道 1-3-30
　　　　　　　電話／ 03-3868-3275

© Masamichi Okada Printed in Japan
ISBN 978-4-434-31948-8
落丁・乱丁本はお手数ですが小社までお送りください。
送料小社負担にてお取替えさせていただきます。
本書の無断転載・複製を禁じます。